# 「非会社員」の知られざる稼ぎ方

村田らむ



光文社新書

# まえがき

著者であるわたくし、村田らむにはサラリーマン経験が一切ない。

社会に出てからずっと非会社員だ。

今まで余り語ったことはないのだが、せっかく『「非会社員」の知られざる稼ぎ方』が一冊にまとまることだし、非会社員の一例として『俺の「非会社員」としての稼ぎ方』を書きたいと思う。


俺は名古屋出身で小さい頃から病弱だった。

外に出られないし話し相手もいないので、仕方なく本を読んだり、絵を描いたりして日々をやり過ごしていた。

大きくなるにつれ徐々に身体は強くなっていったものの、相変わらず冴えない青春を過ごした後、九州産業大学の美術学部デザイン学科に進んだ。

そして卒業するやいなや、いきなりフリーランスのイラストレーターになろうと決意して東京に出てきた。


しかしそう簡単にプロの作家になれるわけもなかった。週にいくつもの出版社に持ち込んでもなかなか仕事は来なかった。

「それならば、弟子になろう!!」

と安直に発想し、イラストレーターのレオ澤鬼《さわき》さんにコンタクトを取り、押しかけて弟子にしてもらった。

ただ弟子になったとて、それでもすぐに仕事が来るわけではなかった。


しかたなく師匠の行きつけの要町の場末のパブでバーテンのアルバイトをしながら、コツコツと作品を作り出版社に持ち込んだ。

個人的にはこのバーテンのアルバイトが非常にその後の人生に響いた。

客はそれこそ土木・建築関係とヤクザとパチンコ屋のオーナーなど気性の荒い人たちばか

り。客にはなめられ、なじられ、夢を嗤《わら》われ、

「自分は糞でなんの意味も価値もない存在だ」

とつくづく思い知った。

しかしその上で、やりようによっては相手に好かれたり、存在を認めてもらうことができるんだなと知った。

とにかく自己主張せず、相手の話を「うんうん」と聞き続けると段々、本当に、

「この人の人生が知りたい」

と思うようになったし、そう思うと相手も本音で人生の岐路を語ってくれることもあった。


師匠のつてでリクルートの編集者に雑誌『フロムエー』の挿絵を頼まれてフリーランスのイラストレーターとして初めて仕事をした。それが確か24歳だったと思う。

大学を出てデビューまでに2年しかかかっていないのだから、今思えばそこそこすんなりいってる方だ。だが本人としては非常に長い時間彷徨《さまよ》っていた気がする。

そこからはぽつぽつとイラストの仕事が来るようになった。

25歳の頃、スポーツニッポンと東スポから同時にイラストの仕事が来た。

新聞はギャラが高かったし、スポニチは毎日の連載だったのでかなり儲かった。

実はその頃には、ライター業もやりたいと思っていた。以前から挿絵を描かせてもらっていたデータハウス社でホームレスをテーマにした単行本を書かせてもらえることになった。

それから半年は新聞連載で貯めた貯金をつぎ込んで、単行本制作にかかりっきりになった。

そうやって作った『こじき大百科』は発売されるとすぐに話題になった。

数日後、編集者から、

「重版決まりました!!」

と電話がかかってきて舞い上がったが、その翌日には、

「労働団体に抗議を受けて絶版、自主回収が決まりました」

と絶望的な電話がかかってきた。

絶版騒動は新聞沙汰にもなって、

「ああ、俺のライター人生も短かったなあ」

と悲嘆に暮れてた。

だが悪目立ちしたのが良かったのか、いわゆるサブカル系の雑誌からバンバン仕事が来る

ようになった。

もちろん上品な内容ではない。

宗教団体に潜入し、青木ヶ原樹海を歩き回り、ゴミ屋敷業者に入って掃除をして、ルポを書きに書いた。

「イラストレーターとライターどちらもできるなら漫画も描けるでしょ？」

という編集者の安直な依頼を無謀にも受けてしまい、今までに一本も描いたことがないまま漫画家にもなってしまった。

気づいたら現在４本も漫画連載をして単行本も出しているのだから、世の中何がどうなるのかわからないものである。

ずっと仕事量は多かったし、食うに困らない程度は稼いでいたが、

「自分はアングラ・サブカル雑誌上がりの汚れた人間だから、二度と大手メディアでは仕事できまい」

という諦めもあった。

お天道《てんと》様に顔向けできないヤクザのような心境だった。

俺はフリーランスしか経験がないが、他のフリーランスの事情はほとんど知らなかった。ただ自分の経験を踏まえて考えるに、面白い経験している人が多いのではないか？　と考えていた。常々、

「フリーランスをインタビューする連載がしたいなあ」

と思っていた。

たまたま仲の良いライターの古田雄介さんと意気投合して『フリーランスのインタビュー企画』をメディアに持ち込もうということになった。

紆余曲折あって、２人で東洋経済オンラインの副編集長に企画を見てもらうことになったのだが、

「どうせ俺みたいな不良ライターはけんもほろろに追い返されるに違いない」

と被害妄想な気持ちで編集部に向かった。しかし武政秀明副編集長（当時）は非常に好意的に話を聞いてくれ、実にあっさりと、

「ではとりあえず一本書いてください」

と依頼してくれた。

しかも、文字数の上限はなく、キッチリと書ききって欲しいという依頼だった。

これは嬉しかった。この頃すでにウェブメディアで仕事をしていたのだが、本来文字数には融通がきく媒体のはずなのに、

「１０００～１５００字くらいのショートにまとめてください」

という依頼が大半だったからだ。

不良ライターなりにここは正念場だという気持ちになった。

本書にも載っている連載第１回『ゴミ屋敷に商機を見出した男』は、今までにないくらい一生懸命原稿を書いた。感情移入して涙を流しながら書いた。何度も何度も推敲した。

ルポが発表されると反応も良く、ありがたいことに連載させていただけることになった。

その後、約４年間連載させていただいている。

回によっては、社会現象と言えるほどの反響がある場合もあって驚くこともある。

連載はそろそろ第１００回になるが、今でも原点にある、

「この人の人生が知りたい」

という新鮮な気持ちをなくすことなく、楽しくインタビューして原稿を書かせていただいている。

それでは大変まえがきが長くなってしまいましたが、

『「非会社員」の知られざる稼ぎ方』

楽しんでください。

# CONTENTS

CONTENTS

## File.1

ゴミ屋敷に商機を見出した男

# 佐々木久史

（特殊清掃会社経営）

「体ひとつ以外に何もないから、
便利屋以外に選択肢がなかった。
理想も理念もなかったよ。」

## 「どれだけ酷いゴミ屋敷でも、1日で綺麗な状態に」

「株式会社まごのて」は、「ゴミ屋敷」と呼ばれる物件の清掃に特化した、特殊清掃会社である。

まごのては「どれだけ酷いゴミ屋敷でも、1日で綺麗な状態にする」をモットーに、一般の清掃会社が「うちでは無理です」と、にべもなく断る大型のゴミ屋敷物件も引き受けている。

・胸の高さまでビッチリとゴミがたまっている部屋
・オシッコの入ったペットボトルが数千本出てくる部屋
・20年分の雑誌、新聞が部屋を埋め尽くしている部屋
・数十匹の猫が飼われていて大量の糞が床に積もる部屋

……などなど、一癖も二癖もある厄介な物件が相手だ。清掃の現場は、まるで戦場のよう

な有り様になる場合も少なくない。

そんな、まごのての総指揮をとっているのが、まごのて代表取締役の佐々木久史社長だ。まごのてのゴミ屋敷清掃のノウハウのほとんどは、佐々木社長が経験から生み出したという。社長がゴミ屋敷清掃を始めたのは、２００９年と比較的最近の話だ。会社は急成長をとげて、現在も拡大している。

「なぜ佐々木社長は、ゴミ屋敷清掃を生業《なりわい》にしようと思ったのか？」「ゴミ屋敷清掃会社まごのての成功の秘訣はなんだったのか？」

２０１７年5月に移転したという新社屋で、佐々木社長に話を聞いた。

新社屋の1階では、ゴミ屋敷清掃を終えたスタ

まごのて代表取締役の佐々木久史社長

ッフが、慌ただしく作業をしている。社長は、キビキビと指示をした後、こちらに歩いてきた。

「やっと大きい社屋を持てて、普通の会社になりましたわ」

佐々木社長は笑顔で語った。

新社屋は38坪のかなり大きい物件だ。それまでは10坪の事務所兼作業場で作業していたという。その4年前は、自宅のマンションのベランダで作業していた。佐々木社長は、数年で大きな社屋を持てたことに感慨深げだ。

## 外見とは裏腹に幼少期はお坊っちゃんだった

佐々木社長は、一見していわゆる人当たりの良い、優しそうなオジサンではない。こわもてで眼光はするどく、一筋縄ではいかない雰囲気が漂っている。いかにも曲者なので、任侠の人だと勘違いされることもあるそうだ。

そんな外見とは裏腹に、幼少期はお坊っちゃん育ちだったという。佐々木社長の祖父は、戦後の大阪の闇市で一稼ぎして、その後公設市場に何軒もお店を持った、ひとかどの人物だった。

「3～4歳の頃かな。俺が大阪の自宅で寝てたら、若い衆が荷車ひいて帰ってくる。彼らが部屋に持ってきたりんご木箱の中にはお札が山ほど入っていて、それを爺さんと婆さんが数えている……そんな光景をよく覚えている。おカネには恵まれた家やった」

ところが、お坊っちゃん生活は、長くは続かなかった。小学校2年生のときにその祖父が亡くなり、父親の代になった。父親は代を継ぐまでは、オーケストラのチェリストをしていたという、まったく商売っけのない人だった。店は1軒、2軒と潰れていき、最終的には全部なくなり、自宅に頻繁に借金取りが来るようになった。

そして佐々木社長が中学校1年のときに、一家で奈良県に夜逃げをすることになった。大阪の一軒家から引っ越した先は、家族で住むにはあまりにも狭い築40年のボロアパートだった。

絶望的な状況になったにもかかわらず父親はまともに働かなかった。３日働いては辞める、というのを繰り返す。代わりに母親がけなげに働いていたが、生活は苦しかった。父親を見て佐々木社長は、心底「情けない」と思ったという。

「そのとき『男はカネを稼がなければ意味がない』と悟った。『世の中カネじゃない』なんてきれいごと言う人もいるけど、やっぱり世の中は銭。おカネは大事よ」

社長は、中学２年になると働き始めた。朝は新聞配達をし、土日は年齢をごまかしてスーパーの社員食堂でアルバイトをした。すぐにでも社会に出たかったので、義務教育が終わったら料理人になろうと思っていたが、スーパーの店長に、「きょうび、中卒で修業して料理人になるなんて時代じゃない。老舗《しにせ》料亭だろうが、ホテルのレストランだろうが大卒だよ」と諭《さと》されて、高校には行くことにした。

高校も、２つの仕事を掛け持ちしながら通い、ついでに放課後はバレー部で汗を流した。とにかく貧乏が嫌だったし、いつも体を動かしていたかった。

## 高校卒業後はスーパーに就職したが……

高校卒業後は、奈良を離れ大阪のスーパーに就職した。そのスーパーは入ってみると、実は反社会的勢力が経営している店だった。スーパー以外にも、怪しげな不動産や金融など、アンダーグラウンドな仕事もしていた。

「そういうダーティーな仕事を間近で見るのはすごく面白かった。目の前で億のカネが動く話をしているのを聞くだけで興奮したよね。スーパーで肉を切る仕事をしていたけど、かたわら借金の切り取り（取り立て）の仕事も任されていた」

しかし数年後、事件化してしまい、会社は潰れてしまった。佐々木社長は、しばらくアンダーグラウンドの仕事を続けたが、なかなかおカネは貯まらなかった。

「当時は、とにかくどんな手段でもいいからおカネを稼げばいい、と思っていた。アンダーグラウンドの仕事は儲かるときは儲かるけれど、出ていくカネも多い。結果的におカネは貯まらなかった。まさに『悪銭身につかず』だったんだと思う」

その後1993年、佐々木社長はアンダーグラウンドの仕事を辞め奈良に戻り、運送会社に就職した。トラックの運転手をしていたが、場数を踏んでいて度胸があるのを社長から可愛がられ、2年で管理職に就いた。

「会社の経営をしたい、と腹の底で思っていたのを見抜かれたのかもしれない。サラリーマンはどれだけ頑張っても１０００万円がてっぺん。自分で起業すれば、もっと大きく稼げる、もっと稼ぎたい、と常々思っていた」

　そんな折、社内が労働組合問題で揉めた。共産党系の労働組合と争いになったあげく、暴力行為、名誉毀損で警察に逮捕された。新聞や週刊誌にも載って、会社にはいられなくなった。その後、よその運送屋に回してもらえるという話もあったのだが、それならば自分で起業しようと思い、運送屋を始めた。

「元手は60万円くらいしかなくて、心もとなかったけど、とにかくやるしかなかった。知り合いの運送会社の社長のところに間借りして、電話回線だけを引いて１人で会社を始めた」

　実車を持たない貨物運送取扱事業（自社以外の運送事業社の運送機関を使い貨物運送を引き受ける事業）だったため、リスクは少なかった。前の職場で運送屋とはたくさんつながりができていたので、比較的早く軌道に乗り、1年目で売り上げは３億円になった。

「売り上げ３億円といっても、粗利《あらり》は７％。そこから税金をひかれるから、手元には１０００万円程度しか残らない。でも当時の目標だった、サラリーマンのてっぺんの収入は手に入れた」

## 失敗の始まり

そして3年目に、実運送（実際にトラックを持つ運送業）を始めた。しかしそれが失敗の始まりだった。北京オリンピックの工事などの影響で、燃料費が急騰した。それまでリッター65～75円だった軽油が、１５０円にまで値上がりした。それでもなんとか耐え忍び営業していたが、その後追い打ちをかけるようにリーマンショックが来る。自動車製造業関連の供給が一気に止まり、にっちもさっちもいかなくなった。

「その頃にはトラックを60台以上持つ、そこそこ大きい企業になっていた。行くも地獄、やめるも地獄だった。結局、倒産するしか道がなくなってしまった」

２００８年に会社をたたんだ翌年、逃げるように、東京にやってきた。東京の片隅で、ゴミ屋敷清掃の基になる仕事、便利屋、なんでも屋、を始めた。

「『仕事を始めた』なんてかっこいいものじゃなかった。元手になるおカネはまるでない。体ひとつ以外に何もないから、便利屋以外に選択肢がなかった」

来る仕事は、なんでも受けた。客に頼まれたチケットを取るために一晩中並んだ。花見や花火の会場にビニールシートを敷いて席取りをした。幼稚園の入園手続きに、親御さんの代わりに参加した。そんな数多《あまた》の仕事の中に、ゴミ屋敷清掃の仕事もあった。

「いよいよ崖っぷちな状況で、理想も理念もなかったよ。いつ電気が止まるか、いつガスが止まるか、って生活してるのに、理想とか理念とか悠長なことを言ってる場合じゃなかった。大便が山盛りになったトイレを掃除して、体中クソまみれになったとしても、仕事が終わったら、手の上に１万円、２万円と金が載る。それでとりあえず、家族は食っていくことができる。それが何より大事だった。若い経営者が、理想や意義を語っているのを見るけど、気持ちはわかるけど正直、まずは稼げよ、と思う。理想や理念、意義や大義名分は、稼いでいるうちに、後からついてくるものだと思う」

## ゴミ屋敷清掃に力を注ごうと決めたきっかけ

とにかく来る仕事は内容にかかわらず受けていた佐々木社長だったが、１つの現場がきっかけで、ゴミ屋敷清掃に力を注ごうと決めた。それはとある１人の女性の部屋の清掃だった。

いつものように電話で依頼を受けて、待ち合わせ場所に行くと、いかにも普通の若い女の子が立っていた。聞けば、都内でも有数の有名大学に通っているという。街ですれ違ったら、絶対にゴミ屋敷に住んでいるとは思わないタイプの女性だった。

その子の案内で、一緒に自宅アパートに行く。学生用の、小ぶりの物件だった。女性は鍵穴に鍵を突っ込んでカチャッと回すのだが、なかなかドアを開けようとしない。よっぽど中を見られたくないのか、1分くらいジッとしている。やっとドアを開けると、中は胸の高さまでゴミがたまっている、本格的なゴミ屋敷だった。

「今だったら、月に一度くらいは依頼が来るちょっと大きめの現場、という感じなんだけど、当時はそんな大きなゴミ屋敷を清掃したことがなくて、思わず後ずさりしそうになった」

ホームページでは「経験豊富」とうたっていたので何気ない顔をして内覧をしていたが、内心は動揺していた。ただゴミがたまっているだけではない。ゴミのせいで生活が破壊されていた。電気は切れていて、懐中電灯で本を読んでいた。ガス給湯器も壊れていたが、大家に相談することもできず、冬場なのに水風呂を浴びていた。食べ残しは腐り、悪臭が鼻につく。そこら中に、ハエがわんわんと飛び回っていた。悲惨だった。

しかしその子はおカネを持っていないという。どう考えても安く掃除ができる現場ではない。聞けば、案の定、ほかの業者には軒並み断られたという。佐々木社長も、あまりに割に合わない現場だと思い、「じゃあおカネができたら、電話くださいね」と言って、見捨てて帰った。

その夜、どうにもその女の子が気がかりだった佐々木社長は、奥さんにその女の子の部屋の写真を見せた。奥さんはしげしげと写真を眺めた後、「この現場を見てしまったら、片付けざるをえないでしょう。この子が今日も、明日も、ここで1人で寝てると思ったらとても放っておけない」と言った。

奥さんに後押しされて、佐々木社長はその部屋を片付けることに決めた。とはいえ、社長も本当におカネがない時期だった。自動車も持っていないから、レンタカーを借りなければならないが、そのカネもままならない。電話をして、その子が今いくら持っているかを聞くと、5万円だと答えた。社長は、4万円だけもらい、残りのおカネは後から分割して払ってもらうことにした。

まったくノウハウはなかったけれど、とにかく掃除をしに行った。まだ従業員はいなかったため、佐々木社長と奥さん、息子さんの3人での作業になった。とにかくなりふり構わず片付けた。夕方から始めたが、終わる頃には、深夜になった。気力を振り絞って、水回りまできちんと片付けた。

## 自殺しようと思っていた

翌日、女の子から佐々木社長宛てにメールが来た。丁寧な感謝の言葉の後に、「もし断られたら、自殺しようと思っていました」と綴られていた。

「俺は、生来ポジティブな性格であんまり落ち込むことがない。２００８年、会社が倒産したときはさすがにしんどかったけど、半日間だけ何も考えないようにしてブラブラしただけで完全にスイッチングできた。だから、部屋が汚いくらいで死にたいと思う人の気持ちは正直わからない。でも、部屋が汚いくらいのことで、死にたくなってしまう人がいることを知った。どうしても部屋を片付けられない人たちがいるんだってことも知った」

ただただ、おカネを手に入れるために頑張って仕事をしていただけだったが、いつの間にか人を救っていた。こうしてゴミ屋敷清掃会社まごのてに、理念や理想、意義や大義名分が形作られていった。

ただ、仕事をゴミ屋敷清掃に絞ってもそう簡単には依頼は増えていかなかった。引っ越しと一緒でリピーターはあまりいない。恥になるため、口コミも期待できない。ホームページの宣伝で地道に開拓していくしかない。それでも仕事をするうち、雑誌やテレビで取り上げられることが増え、知名度が上がっていった。そしてそれを見た人からの、仕事の依頼が徐々に増えていった。軌道に乗ったと自覚したのは起業して2年、2011年頃だったという。

## 経営者はおカネのことを第一に考えるべきだ

仕事を拡大していく過程で、佐々木社長が絶対に譲らない要点があった。

「先程の話とも重なるけど、経営者は『徹底して利益を出すということに徹せなければならない』と思っている。儲けることは悪いこと、という風潮があるし、世の中カネじゃない、なんて言う人もいる。でもやっぱり、経営者はおカネのことを第一に考えなければならないと思う」

まごのての清掃の値段は、よその会社に比べてかなり高く設定されている。清掃会社が10社あれば、8〜9社は、「どこよりも安い」「弊社より高い業者があれば言ってください」な

清掃の様子

ど安さをうたう。だが、ちゃんと利益を出そうと思ったら、他社と値段で競合すべきではない……というのが佐々木社長の考えだ。

　結局、値段が安い業者は、利益を出すために、従業員におカネを払わなかったり、ゴミを不法投棄したりして節約する場合が多いという。多くの業者は、結局はやっていけなくなり潰れてしまうそうだ。

「しっかり利益を出すというのは、5年後、10年後、会社を存続させるために必要不可欠なことだと思う。うちはどこよりも高いかもしれないけれど、高いのには高い理由がある。説明もできる。しっかり利益を上げるから、給料に還元できるし、設備投資をすることもできる」

　他社との相見積もりの結果、他社30万円、まごので60万円、と倍の値段がつくこともあるという。ただ、数万円の差なら安い業者に流れるかもしれないが、大きく離れていると「なぜこんなに違うのだろう?」と思うのが人間の心理らしく、サービスの内容を調べた結果、まごのてに仕事が来ることも多いという。

佐々木社長はとにかくバイタリティあふれる人だ。四六時中仕事のことばかり考えて、家にいても、お酒を飲んでいても、次にどんな戦略を立てたら儲かるのか、そんな話ばかりしている。

「たとえば、新橋の居酒屋なんかに行くと、上司や会社の愚痴ばっかり言っている人が多い。みんな、できない理由の弁論大会を延々としている。でも自分がうまくいかないのを、社会や会社や他人のせいにしても意味はない。たとえば、そんな話を聞いたら、若い人たちは社会に出たくないと思うだろう。大人は、バリバリ働いて、若い子たちに形を見せていかなければいけない。それが大人の役目だよ」

会社は順調に大きくなったが、佐々木社長はまだ安泰だとは思っていない。まだまだ働いて、自社ビルを建てたいし、部下の中から継承者を出したいとも思っている。まだまだ、道の途中なのだ。

## 経営者として戦うコツ

最後に佐々木社長に、経営者として戦うコツを伺った。

「最終的に物事を決断するのは経営者のみに与えられた権利。家族や友人、コンサルタントにいくら相談してもいいけど、結局は自分の勘を信じて決断するしかない。人のせいにはできない。良いことも悪いことも全部自分に返ってくる。これはギャンブルみたいなもので、成功すれば万々歳だけど、もちろん失敗することもある。だから経営者は、転んだときに、自分で立ち上がるという力だけは身につけておかなければいけない。野生の動物がたとえ傷ついていても起き上がって狩りに出かけるように。そうして、立ち上がることさえできれば、きっと前に進んでいけると思うよ」

何度も転んでは立ち上がった経験のある、佐々木社長の言葉には重みを感じた。

佐々木社長は取材後も、設備の拡充、技術の向上に注力してきた。また、人が亡くなった部屋を清掃するいわゆる特殊清掃のサービスも拡充している。宅建業者として不動産（いわゆる事故物件）の売買、不動産管理会社や大家向けアドバイス、相続コンサルなども行い、特殊清掃の専門家になるよう努力をしている。

# File.2

### 大阪でイベントスペースを運営する
### 「魔女」を名乗る男

# B・カシワギ

（イベントスペース主催／魔女）

「『やりたいことは売れてからやればいい』
って言う人がいるけど、
それって違うと思うんですよ。」

## どれも怪しげだけれども……

大阪に少しだけ話題になっている〝魔女の店〟があると聞いて足を運んでみた。

若者の街、アメリカ村の中心にある三角《さんかく》公園の隣の雑居ビル5階に「銀孔雀《ぎんくじやく》」はある。店内は想像していたより明るくて、清潔な雰囲気。店内の至る所に商品が並んでいる。さまざまな願いをかなえるキット、魔女のほうき、魔法の杖、動物の頭骨、重厚そうな洋書の数々、宝石など装飾品、ろうそく、香水、などなどだ。どれも怪しげだけれど、だからこそ魅力的だ。思わず時間を忘れて見入ってしまう。同じように真剣な顔でグッズを選んでいるお客さんもいた。

その店の奥には、かなり大柄な男性が座っていた。色とりどりの奇抜な髪型と服装が、店の雰囲気とマッチしている。彼が「銀孔雀」のオーナーであるB・カシワギさん（38歳）だ。彼は、男性だが〝魔女〟なのだという。そして、このお店以外にも、4店舗の店を経営する実業家でもある。

ちょっと頭が混乱してきたが、とりあえず彼が魔女になり、魔女の店「銀孔雀」を作るに

男性“魔女”のB・カシワギさんがオーナーを務める「銀孔雀」の店内

至った経緯を聞いた。

　B・カシワギさんは、大阪の岸和田市生まれ。末っ子で、甘やかされて育ったという。両親は学習塾を経営しているので、小さな頃から勉強はよくできる子だった。ただ太っていたので、運動はあまり得意ではなかった。

「運動ができないという劣等感と、勉強ができるという優越感が両方ありました。子どもの頃って足が速い子がモテるじゃないですか。勉強ができる子は、すごいって言われるけど一番のヒーローじゃない。つねに二番手なんですよね。そこで人格が形成されたと思います」

　一番にはやっているものではなく、二番手にはやっているものに興味がいった。みんなが

『月刊コロコロコミック』（小学館）を読んでいるときには、『コミックボンボン』（講談社）を読んでいたし、みんながビックリマンチョコ（ロッテのシール入り菓子）を集めているときには、ドキドキ学園（フルタ製菓のシール入り菓子）を集める。少しあまのじゃくな少年だった。

また小さい頃から「誠のサイキック青年団」（ABCラジオ）というラジオ番組が大好きだった。パーソナリティの1人である竹内義和さんに憧れて、ラジオ放送に出る人になりたいという漠然とした夢があった。

「親に『大学くらいは出ておけ』と言われたのもあって、大阪教育大学に進学しました。ただ、大学生活はあまり楽しめず雑誌を読むことだけを楽しみに学校に通う日々でした」

ただ、塾の講師の息子として、卒業はしなければいけないなと思って、1年留年はしつつもきちんと学校へは通った。留年した後に、映画部を作って映画作りを始めた。映像を残すという行為は楽しくて、大学を卒業した後もちょくちょく顔を出した。

## 吉本興業ではなく、松竹芸能へ

大学を卒業して、松竹芸能の養成所に入った。実は松竹芸能に入ることは、子どもの頃から決めていた。吉本興業ではなく、松竹芸能に入ったのは、やはり二番手好きだからだった。先輩たちに、「何かしたいことはあるのか？」と言われたので、「童貞の男性を集めてイベントをやりたい」と前から温めていた案を言ってみた。すると、先輩方全員に「だったら松竹芸能を辞めたほうがいい」と言われた。それはイジワルや説教ではなく、心からそう思って言ってくれているようだった。

芸人で売れるには段階が多い。作家や先輩に認められて舞台に出て、実力と人気をつける。芸歴5年で単独ライブを開催し、50～１００人集客できればいいほうだ。そうして客に認められて、タレントになったとして、そこからの道のりはより険しく長くなる。その道のりの中で「童貞のイベント」を開催するタイミングはおそらく訪れない。

「『やりたいことは売れてからやればいい』って言う人がいるけど、それって違うと思うんですよ。売れてしまうと、立場ができてしまうので、やりたいことはやりづらくなってしまうんです。だからやりたいことは、売れる前にやらないといけないんですね。ただそれができる場というのはなかなかありません」

先輩たちの意見に従って、松竹芸能は1年で辞めた。その後敬愛する竹内義和さんが経営

するライブハウスでイベントを手伝ったりしたのだが、ハコ自体が潰れてしまいフリーになった。ちょうど25歳になった頃だった。そこから約５年間、フラフラと生きた。

「生活のためにしていたアルバイトを辞めようって決めたんです。トークイベントや映像を撮ることで稼いだおカネだけで生活することにしました」

当時は実家暮らしだったので、生活費はほとんどかからなかったが、それでも月５万円は欲しかった。大学の映画部で得たスキルを使い、仲良くなったホームレスのドキュメンタリーを撮影してＤＶＤを５００～１０００円で販売した。それで、なんとか月３万円くらい稼いだ。交通費さえもらえれば無料でもトークライブに出演した。ギャラを1000円でももらえればありがたかった。

兄と2人でネット配信のラジオ「青春あるでひど」も始めた。兄は公務員で科学者だったこともあり、世の中のアレコレを科学で説明する番組にした。人気コンテンツになって現在も毎週新作を配信しているが、なかなか収入にはつながらなかった。

「好きなことだけで稼ぐと決めると、急に時給が10分の1くらいになるな、と実感しました。時給50円くらいの感覚ですね。つねにカツカツの生活でした。食べるものがなくて、山でタケノコを採って食べたりしてましたね（笑）」

両親からは「30歳までにはなんとかちゃんとしてくれ」と言われていたが、29歳になってもちゃんと生活できる感じはなかった。そんな折、先輩芸人が千日前《せんにちまえ》に小さなお笑いの劇場を作った。ただ先輩は運営があまりうまくなく、すぐに閉店することになった。

「だったら僕にやらせてくださいと言って、お笑いのライブハウス『なんば白鯨《はくげい》』の経営を始めました。それが29歳と11カ月のときで、たまたまですが親の期待に応えた形になりました」

自身の松竹芸能時代の経験から「売れる前の芸人が本当にやりたいことをやれるハコ」にした。

売れる前の芸人が本当にやりたいことをやれるハコ「なんば白鯨」

## フラフラしていた7年間は無駄ではなかった

世間では無料ライブがはやっていたが、それは芸人の価値を下げることだと思い、あくまで入場料は払ってもらった。それで、たとえお客さんが1人しか来なくても、演者はギャラをもらえる、出演者に負担がかからないシステムで経営した。

ライブハウスを始めると、フラフラしていた7年間が役に立った。

「ノーギャラでイベントに出ていたときに知り合った人たちが、『お前がライブハウスをやるなら手伝うよ』と言って出演してくれました。

松竹芸能時代の芸人も協力してくれて、ずいぶん助けられました」

お店ができた当初は、B・カシワギさん1人で経営していたのだが、月間40本のイベントを企画して、20本に出演するという過酷なスケジュールをこなしていた。昼、夕方、夜、深夜とイベントを開催して、週末は2時間しか寝られないのが普通だった。

しゃにむに頑張ってとてもしんどい日々だったが、それでも楽しかった。収入は増えていったが、使うヒマもなかった。お店を作るにあたり、兄に１２０万円借りていたのだが、なんと8カ月で返し終わった。

「なんば白鯨」は15人も入れば満席の小さいハコだ。欲が出てもう少し大きい場所を作りたいなと思って探していると、同じビル内にもくろみどおりの物件を見つけた。最初は移転しようと思ったが、いざ「なんば白鯨」を手放すとなると惜しくなった。

「2店舗経営で行けるところまで行って、無理になったら1店舗潰そうと思いました」

そうしてできたのが「なんば紅鶴《べにつる》」だった。70人以上入る比較的大きいライブハウスだ。お笑いライブ中心の「なんば白鯨」と差別化するため、サブカルチャーのトークライブを中心にコンテンツを作っていった。

「なんば紅鶴」を始めるにあたり、「なんば白鯨」は従業員に任せることにした。中途半端に手伝うと共倒れになりそうな気がしたので、完全に投げきってしまった。

## 価値の再発見をしたかった

「なんば紅鶴」は、大阪ではトークライブ文化がなかったため、出役も客も慣れておらず当初は苦戦した。ただそれでも、集客重視だけを狙った安直なコンテンツは作りたくなかった。
「小さい頃からのあまのじゃくな性格が出ているんでしょうね。よそでやれることは、うちでやらなくてもいいやって。ほかのハコではねのけられた人たちにこそイベントをしてほしかった。価値の再発見をしたかったんです」

苦戦しつつも1年間も続けていると、レギュラーで出演してくれる演者が固まってきた。店長をしてくれる人も見つかったので、再び距離を置いて見守る形にした。

2店舗ともライブハウスなので、イベントが終わるまでは店内でゆっくり飲めない。自分自身がくつろげる場が欲しいと思い、3軒目は「ＢＡＲ群青《ぐんじょう》海月《くらげ》」というバーを作った。大学の文化祭のときに知り合ったガラス職人が、自分の食器だけのお店を作りたいと言っていたのを思い出し、コラボをする形で開店した。お笑い芸人などＢ・カシワギさんの知り合

2店目のライブハウス「なんば紅鶴」

いが、日替わりのバーテンダーとして働くお店になった。

その、ほぼ同時期に「紫《むらさき》蛍《ほたる》」というカレーショップを作ったのだが、B・カシワギさんにとって初めて閉店したお店になった。

「知り合いの男性同士のゲイカップルにお店を任せていたのですが、2人の仲が悪くなってしまったので1年半くらいで閉店してしまいました。おいしいと評判だったのに残念でしたね」

この閉店の経験が、後ほど魔女のお店開店に少し関わることになる。ともかく1店舗は失敗したものの、快進撃は続き、「なんば紅鶴」の横に「なんば赤狼《せきろう》」というレストランを始めた。そもそもは紅鶴でフードを出したかったのだが、キッチンスペースがほとんどなかったため、だったらレストランを作ってしまおうという発想だった。

よく一緒に食事をしていた女性が、将来的に飲食店をやりたいと言っていたのを思い出し、彼女にお店を任せることにした。話し合った結果、珍しいお肉が食べられるジビエ系のお店にすることにした。カンガルー、ワニ、熊などさまざまなメニューがあるが、どの料理も〝おいしい〟ありきで作っている。まずいゲテモノ料理にはしないように心掛けた。

「赤狼ははじめから黒字でしたね。他店舗の常連さんが一度は顔を出してくれましたし、イベントが終わった後に演者さんが打ち上げをすることもあります。相乗効果が出た感じですね」

この頃になると、B・カシワギさんは、周りの人からも成功者扱いをされるようになった。

「B・カシワギは味園《みその》ゲイツだ！」なんて冷やかされることもあった（「なんば白鯨」などが入っているビル名の味園ビルと、ビル・ゲイツをかけたあだ名）。

## 「ちゃんと教えるから、弟子になる？」

そんな順風満帆な２０１５年、20代前半の頃に知り合った女友達と再会した。結婚して東京に行っていたのだが、離婚して帰ってきたという。近況を聞いてみると、「魔女をやってる」と言われた。

　もともとエキセントリックな女性だったが、まさか魔女になっているとは思わなかった。

「ちゃんと教えるから、弟子になる？」と言われて、二つ返事で了承した。

　そして、魔女のイベントを開催しつつ、1年間を通して魔女について学んだ。そしてB・カシワギさん自身が魔女になった。魔女は英語でウィッチ。そもそも男女の区別のない言葉だが、日本語訳では魔女以外の言葉がないので、男でも魔女と呼ばれる。

「魔女について学んでいちばん魅力的だと思ったのは『魔女は自分で儀式を作れる』という部分でした。日本の儀式（葬式、結婚式など）は形骸化しすぎていて、機能していない部分があるなと前々から思っていました」

「紫蛍」が潰れたのはゲイカップルのケンカが原因だったが、ゲイのカップルは長年付き合っていても簡単に別れる人たちが多いなと感じていた。その一因には、結婚という儀式がないからかもしれないと思った。また、B・カシワギさんの恋人の飼っていたフェレットが死んだ際、問い合わせると生ゴミに出すしかないと言われた。死んだからゴミだと割り切れる人間は少ないだろう。

## 「なぜ効くかわからないが効く」のが魔法

もし、儀式そのものを作り出せるのだとするなら、当人たちが救われる儀式を作れるかもしれないと思った。そこで魔女のお店が作れないか考えた。

魔女は杖やほうきなど、さまざまな道具を使うが、赤狼で手に入る骨や皮は魔女の道具にふさわしいと聞いた。魔女のグッズを販売するお店が作れるのではないかとひらめいた。

「マンションの1室で魔女の道具を売るショップを作ろうかな、と思ったんです。僕の書斎も兼ねる形で。でも師匠（魔女の女性）と話しているうちにもっと大きい店にしようってなりまして、今の店舗になりました」

店内ではさまざまな商品を売っているが、実際にB・カシワギさんが素材を集めてきて、作っているグッズが多いという。

「どうしても、魔法＝オカルト＝インチキとイメージされると思いますが、オカルトは科学と真逆な存在ではないんですよね。基本的には一緒なのですが、オカルトには隠れていて見えない部分があるんです」

つまり「なぜ効くのか説明があり、確かに効く」のが科学ならば、「なぜ効くかわからないが効く」のが魔法というわけだ。魔法のキットは潜在意識に訴えるような仕掛けがあるものが多い。たとえば、嫌なことを忘れる「忘却キット」は、忘れたい思いを紙に書き、その紙を川に流すというキットだ。人は、いったんメモを取るとそれまでの経験から無意識的に「メモを取ったから忘れてもいいんだ」と思い、書いた内容を忘れる傾向があるという。その習性を利用した道具だ。

意中の人と仲を深めたいキットもある。相手と自分に見立てた２本のろうそくを、ろうで固めて１本のろうそくにして燃やし尽くす、という儀式をする。なんともオカルトな雰囲気だが、この儀式で肝心なのは手間暇がかかるという点だ。つまり普段なら「なんでメールしてくれないんだ！」なんて意中の相手に電話やメールをしてしまう時間に、儀式をしているので、嫌われないという理屈だ。

「すべての道具にそういう〝理屈〟が込められてます。魔法の道具は機能よりも、道具が持っているストーリーのほうがより大事なんです。重厚なストーリーがあると、それを手にする人は『なんかすごいものな気がする』と思うわけで、そのスペシャル感を感じることこそが肝なんです」

魔法の道具は機能よりも、道具が持っているストーリーのほうがより大事

たとえば、魔女のほうきは、原材料である棕《しゅ》櫚《ろ》（たわしなどを作る木）の皮を〝新月の夜に採りに行く〟といういにしえの習わしに従って、実際に採りに行っている。石にルーン文字が書かれたルーンストーンの原材料は那智《なち》の黒石を使っている。理由は、ルーン文字を見つけたのはオーディン（北欧神話の神様）で、そのオーディンに知恵を与えたのは、フギンとムニンという名の2羽のカラスだと伝えられているからだ。日本でカラスと言えば、八《や》咫《た》烏《がらす》（日本神話に出てくる3本足のカラス）だ。その八咫烏ゆかり地である熊野の那智の黒石を使って、日本版のルーンストーンを作っている。

「本当に新月の夜に採りに行ったか証明はできないですし、八咫烏の話も言わばこじつけなんですが、ストーリーを聞いて〝なんだかすごい、効きそうだ〟と思ってくれたら成功なんですね。その時点で魔法にかかっているわけです」

魔女の店に来る人の多くは悩みを抱えていて、相談を受ける場合が多い。客は、男3：女7の割合で女性が多い。女性の相談は恋愛絡みが多く、その中でも不倫についての話が圧倒的に多いという。愛人から正妻に昇格したいと願う女性が、ほかに相談する場所もなく、魔女のお店にやってくるのだ。

## 屁理屈を駆使することが魔女の仕事

「相談を受けたら『おそらく正妻になるのは無理ですよ』とハッキリ言います。そのうえで、理想に近づけるところから始めましょうとアドバイスします。ただ相手を呪うとかそういうネガティブなことはしてもらいたくないですから、なるべく誰も傷つかず幸せになる方法を考えます。たとえば『意中の男性の奥さんがモテるようになったら、奥さんに愛人ができて、奥さんのほうから男性を振るかもしれません。だから奥さんがモテるよう、きれいになることを祈りましょう』と勧めるわけです。女の人は、最大のライバルである女性がきれいになることを祈るわけですから、表面上は平和ですよね。もちろん屁理屈ですが。ウィッチの語源はウィッカ。〝曲げる〟という意味なんです。屁理屈を駆使することが魔女の仕事だと思ってます」

そんな不思議なお店「銀孔雀」だが、店に直接足を運んでもらうことを重視したいので、グッズの通信販売はしていない。収支は、ギリギリ赤字ではないくらいだという。ただ他店舗の収入もあるので、この店舗の収入が低くてもあまり気にしないでいいのが多店舗経営の利点だ。

B・カシワギさんにとってこのお店は最後のお店というわけではない。次は、ギャラリーを作ろうともくろんでいるという。今のギャラリーでは展示させてもらえない作品たちを、展示できる場所になればいいなと思っている。

B・カシワギさんはつねに流動的で思いつきで行動しているように見えるが、その裏で成功するための計画やアイデアをしっかり考えている。そして協力してくれる人脈を作る才にも長けていると思った。次に作るお店は、どんなお店になるのか今から楽しみである。

カシワギさんはその後、魔女の店を人にゆずるなどいくつかの事業展開をしている。

ライブハウス、食堂、バーを経営しているのだから、コロナの影響はもろにあった。だが、守りに走ることなく果敢に新規のお店を出している。

味園ビル内にオープンした「橙猩猩《だいしょうじょう》」はシーシャバーだ。お酒と水タバコを楽しむことができる。だがそれだけでは終わらず、ホステスはラブドールたち、そして店自体がアメリカのジョーク宗教である「フライング・スパゲッティ・モンスター教」の教会として正式に登録されているなど、相変わらず尖った攻めた店作りをしている。

## File.3

唯一無二の「コスチューム作り」で生きる女

# すまきゅー

（コスチューム製作）

「私は仕事と遊びの区別がないんです。
服を作っているのも、アルバイトしてるのも
どちらも楽しいですね。」

# 楽しみは読書とテレビだけ

テレビをつければアイドルたちが華やかな衣装を身にまとい歌を歌っている。イベント会場に出掛ければコンパニオンたちが、催《もよお》し物にちなんだコスチュームを着て笑顔を振りまく。近年ではハロウィーンパーティーなどコスプレ文化が盛んで、趣味でさまざまな衣装を着る人も増えた。

今回ご紹介する「CHOCOLATE CHIWAWA」のすまきゅーさん（46歳）は、そんな衣装やコスチュームを製作している。

最近引っ越したばかりだという作業場に伺った。作業台の上には4台ミシンが並んでいて、製作途中の衣装が置かれている。忙しい中、作業の手を止めてもらって、話を聞かせていただいた。

すまきゅーさんは北海道の十《と》勝《かち》生まれ。人の数より牛の数のほうが多いような、小さな町で生まれ育ったという。

すまきゅーさん

「一人っ子で、楽しみは読書とテレビだけでしたね。学校では帰宅部で、いつもいかに早く家に帰るかってことばかり考えてました。知り合いが通学路で帰宅中の私を見掛けても、声をかけるのをためらうほど必死な顔でいつも歩いていたらしいです（笑）」

　一日中テレビをチェックして、気になる番組はＶＨＳレコーダーで録画していた。膨大な数のビデオテープはいまだ捨てずに保存してある。

　高校を卒業したら、北海道を離れ東京に行こうと決めていた。北海道内なら札幌が都会だが、実家から札幌は自動車で6時間もかかる距離にあり、何があるかほとんど知らない札幌よりも、テレビで慣れ親しんだ東京のほうが、心の距離は近かった。

すまきゅーさんの作業場にて

「卒業したら東京に行くって決めていたので、高校時代はとにかくおカネを貯めようってアルバイトしまくりました。そもそも働くのが好きなんですよ」

高校時代は学校に行くというのがどうにも解《げ》せなかった。学校は特に行きたい場所じゃないのに、時間は拘束されるし、おカネまで払わされてしまう。それに比べてアルバイトはいい。とにかく行きさえすればおカネになる。実家は中流家庭でおカネに困っているわけではなかったのだが、気づけばなぜかそんな考え方になっていた。

「当時、うちの近所のアルバイトは一律時給４００円でした。確か法律上の最低賃金は時給４５０円だったんですが、なぜかそれよりも安い時給で統一されてました。それでも5時間働けば２０００円になるんだ!!　って喜々《きき》として、スーパー、文房具店、ドライブイン、とどこでも働いてましたね」

クラスメイトは試験中はアルバイトを休んで勉強していたが、すまきゅーさんは「今さら、数日間勉強したって変わらないだろう」と開き直って、アルバイトを続行した。

## 服飾のスキルがあれば、とにかく生きていける

そして卒業後は高校生にしてはそこそこの貯金を持って、予定どおり東京の専門学校へ進学した。服飾の専門学校を選んだ。絵も好きだったので、美術系の専門学校へ行こうか迷ったが、現実的に職業として成り立つ可能性が高いのは美術より服飾だと思った。

「服飾の専門学校に行くからといって、将来服飾デザイナーになりたいとか思っていたわけでは全然なかったですね。町のお直し屋さんでもいいし、服飾の工場に入ってもいい。服飾のスキルがあれば、とにかく生きていけるなって思いました。私の母親は美容師だったので、美容学校に行ってもらいたかったみたいなんですけど、私は１対１でお客さんと向かい合うのが苦手なのでやめました。服を作るのは裏方の作業ですから接客しなくていいなって思っ

たんです」

服飾の専門学校は2年制の学校だったが、とても厳しかった。欠席7回で留年してしまう校則だったのでほぼ毎日学校に通わなければならなかったし、課題の量も多く、それをこなすだけでいっぱいいっぱいで大好きなアルバイトもできなかった。周りの人たちはどんどん学校を辞めていき、すまきゅーさんも辞めたくなったが「入ったんだから最後までちゃんとやりなさい!!」と母親に説得されて、なんとか卒業した。

学校にはちゃんと通っていたものの、就学中にいっさい就職活動はしなかった。卒業した後は、2カ月間ほどブラブラして、その後短期契約の仕事に就いた。

「最初に働いたのはクリーニングの検品のバイトでしたね。クリーニングに出された服のポケットの中などに物品が入ってないか探す仕事です。私、短期の仕事好きなんですよね。ずっと同じバイトをするのって嫌で。期間を決めていろいろなバイトをしたい派なんです」

アルバイト生活で暮らしていたところ、知り合いから編集プロダクションがアダルト本のデザイナー（レイアウター）を探しているという話を聞いた。

「出版デザイナーの知識はまったくなかったんですけど『やればできるんじゃない？』って言われて、じゃあやってみるかって入社してみました。まだパソコンでデザインする時代じやなくて、レイアウト用紙を使っての手書きデザインを一から覚えました」

仕事はすぐに身につき、以降8年間その会社で働くことになる。すまきゅーさん以外は全員男の、なかなかむさ苦しい会社だった。

## 通勤が嫌いで……

「私、通勤が嫌いなんですよね。交通費かかるし、時間もかかるし。なのですぐ会社に住み始めました」

会社の床に気泡緩衝材（いわゆるプチプチ）や新聞紙を敷いてその上に寝た。働いていると昼は会社からコンビニ弁当が支給され、夜は社長がご飯をご馳走してくれたのでほとんどおカネは使わずに済んだ。ほとんど風呂には入らず、給湯器で頭を洗っていた。小さい頃からサバイバルごっこが好きだったので、なんだか楽しかった。

「今思えばひどく非衛生的なんですけど、当時は何にも思わなかったですね。頭洗っていて、ふと後ろを向いたら副社長が立っていてビックリしたのを今でも覚えています（笑）」

しばらくして、ライターなどのたまり場になっていた会社近くに住む編集者の家に転がり込んで寝泊まりを始めた。もともと住んでいた家は、空けていてももったいないので知人に又貸ししてしまった。

最初は10万円だった給料だが、すぐに20万円以上もらえるようになった。それだけで食うには困らなかったが、締め切りさえ守れば、ほかは何をしていても怒られない職場だったので、セッセと副業に励むことにした。

「とにかくおカネを稼げる話が来たらなんでもやってましたね。テレクラのサクラや、派遣型風俗店の電話番とか、裏っぽい仕事もしましたよ。私、世の中の裏を見るのがすごい好きなので、一般の人がやりたがらない仕事も進んでやりたいんですよね。何の縁もゆかりもないのに『働きます』って言った途端に企業秘密を見せてくれたうえに、おカネまでくれる。最高ですよね!!」

おカネ稼ぎはアルバイトだけに収まらず、パチスロにハマっていた時期もあったという。

「周りの人たちがみんなパチスロにハマってて、私もつい1冊パチスロの雑誌を買っちゃったんです。それがなんか悔しくって。買ってしまったからには、勝たなければって思って、それから毎日開店から閉店までパチンコ屋さんに通うようになりました。毎日データを取って、ご飯も食べずに打ち続けて、結果的に結構稼げましたよ」

すまきゅーさんは大体のことを楽しいと思える性格なので、どんな仕事をしていても毎日ワクワクして過ごせた。

貯金するのも楽しかった。数字が増えていくのがうれしかったし、将来的には家が欲しいと思っていた。仮に家を建てるのに1億円かかるとしたら、1日7万〜8万円稼げば3〜4年で買うことができる。「これは、いけるんじゃないか?」と思って頑張って貯めた。

「さすがに1億円貯めるのは無理でした（笑）。でも27歳のときには１７００万円の貯金ができました。なかなかですよね？　このままおカネをもっと増やすにはどうしたらいいだろうと考えた末、お店を出そうと決めたんです」

働いていた編集プロダクションの経営がうまくいかなくなってきていたのも、お店を始めようと思った理由だった。仕事は激減し、月に4日くらいしか仕事がなくなってしまった。なぜかちゃんと給料は支払われていたが、台所具合は相当厳しかったらしく、社長におカネを貸してほしいと言われたりした。

古着のリサイクルショップを出すことに決めた。場所は古着の街として知られる、高円寺、お店の名前は「CHOCOLATE CHIWAWA」に決めた。

「古着なら、周りの人からいらない服を回収してきたり、委託で預かったりすれば仕入れ値

在りし日の店舗（写真：すまきゅーさん提供）

はかからないので、リスクは少ないだろうと、軽い気持ちで始めました」

　貯金を増やそうと思って始めたお店だったが、残念ながら貯金は増えず、逆にジワジワと減り始めた。

「まず、正直あまり売れないんですよね。それと私はお人よしなので委託で売れた場合、ほとんど委託元に渡しちゃってたんですよ。1000円で売れたら、800円とか……。なので、ほとんど儲からなかったんです」

　儲からないのも困ったが、商

売をして初めて気づいた困った点もあった。

「初めてのお客さんがお店に入ってきたとき『あ、しまった!! これ接客業だ!!』って気づいたんですよね。自分がほとんどアパレルショップに行かないから、古着屋が接客業だって本当にそれまで思ってなかったんです。お客さんの中には話しかけてくる人もいるし、ましてや値切ってくる人もいるし、最初のうちはホントに怖かったですよ」

## ちょっと変わった人が集まってくる店に

そんな先行き不安な船出だった。店を始めてすぐに、案の定、編集プロダクションは倒産してしまい、すまきゅーさんは「CHOCOLATE CHIWAWA」を中心に生計を立てることになる。

「他力本願なお店にしたかったんですよね。周りが勝手に作ってくれるお店です。幸いに店内には広めのスペースがあったので、そこでイベントをさせてくれという人が集まってきました」

そうして「CHOCOLATE CHIWAWA」にはちょっと変わった人が集まってくるように

なった。

店内でお芝居をする人、音楽ライブをする人、映画を撮る人、さまざまな人たちが集まってくる。それに伴い扱う商品も、普通の古着から、だんだんとコスチューム系の服が多くなっていった。お店は高円寺のサブカル空間として盛り上がっていったのだが、すまきゅーさんは盛り上がりとは別に派遣登録会社にハマっていった。

「登録するだけでいろいろな仕事ができるってすごい楽しくて、何社か登録して面白い仕事はなるべく行くようにしてました」

たとえば、防衛省の会議のときに傘を預かる仕事、天皇誕生日に陛下がお話しする際のカラーコーンを出す仕事、会社に仕掛けられた害虫駆除シートを回収する仕事……などのアルバイトをした。

「いちばんうれしかったのが総火演（富士総合火力演習の略。静岡県で実施される陸上自衛隊の演習）でのバイトですね。見学に行きたかったんですけど、抽選で外れちゃって。そんなときに総火演で焼きそばを売るバイトを見つけて!!　リハーサルを見られて、おカネももらえて本当にうれしかったです」

## 飲み会の席にかかってきた1本の電話から

そんな楽しげな日常を過ごす中、現在のすまきゅーさんの収入の中心になる衣装製作の依頼が来た。きっかけは、たまたま飲み会に顔を出したときに、同席した女の子宛てにかかってきた1本の電話だった。女の子はしばらく話した後、「すまきゅーさんって縫い物できたよね？」と聞いてきた。電話の相手は芸能関係のスタイリストで、急きょ縫い物ができる人を探しているという。

「有名なバンドの衣装製作の話だったんです。ひとそろえ、明後日までに作ってほしいという依頼でした。なかなかタイトなスケジュールでしたけど、私そういう修羅場な現場に燃えるタイプなんですよ。迷わず、『やります!!』って答えました」

はたして、そのバンドがパンフレットに使用する衣装を注文どおりに仕上げた。その仕事でスタイリストさんと縁ができて、衣装、コスチューム製作の仕事が回ってくるようになった。歌手やアイドルグループのライブ衣装、お笑いタレントの舞台衣装、などをそつなくこなしていくと、だんだん人づてに仕事の輪が広がっていった。

（写真：すまきゅーさん提供）

衣装を担当したタレントから直接企業に話が行き、その企業からすまきゅーさんに依頼が来るケースもあった。口コミで一般の人にも話が伝わって、コスプレ用の衣装の発注が来た。

現在では、芸能界関係が2割、コスプレ公式（ゲームショーなどのブースのコンパニオンが着る企業公認のコスチュームなど）が4割、一般の人からの依頼が4割、の割合で仕事が来ている。

「衣装、コスチューム製作に関しては、1回も営業をしたことはないです。値段に関しても大体の見積もりは出しますけど、相手が額を提示してきたらそれで受けます。もちろん提示された額があからさまに安い場合は断るしかありませんが、そういうケースは今までに1度しかありませんでしたね」

たとえば、すまきゅーさんが「3万円の仕事だな」と思っている仕事に対し「2万円でお願いします」と指定された場合、2万円のレベルで製作するようにするという。

## 衣装の使い道によって

衣装、コスチュームの場合、見栄えが最も大事なので、見える部分はキチンと処理をしなければならない。逆に、見えない部分は簡単な処理にすることもできる。1回の撮影だけで用済みになる服の場合は、簡単な処理で十分だという依頼主もいる。逆に何度も使用する舞台衣装などは、洗濯に耐えうる素材や縫製で作らなければならないため、どうしても値段は高くなるという。

（写真：すまきゅーさん提供）

「現在1日に平均して1～2アイテムは余裕で作ってますね。完成した作品の写真を撮るヒマがないんですよ。『できたらすぐに発送しないと間に合わない!!』という感じで。製作は基本的に全部1人でやっているので、忙しいときは縫っても縫っても終わらなくて。本当に眠れないですね」

（写真：すまきゅーさん提供）

宣伝をしない個人業者に対して、これだけの量の仕事が来るというのはかなりの成功だと思える。すまきゅーさんに仕事が来る理由は何なのだろうか？

「正直、私がやっている作業というのは、専門学校に通ったら身につくスキルで十分賄《まかな》えます。誰でもできる、と言ってもいいかもしれません。それでも私に依頼が来るのは、単純に私のフットワークが軽いからだと思います。時間が足りなかったり、忙しかったりしても、仕事を受けちゃいますからね（笑）」

どんな仕事でも楽しむタイプなので疲労している自覚はなかったのだが、いつの間にか体は悲鳴を上げていたらしい。ある日気づくと、おでこの上に小さいハゲができていた。

「最初は小さかったんですけど、ドンドン抜け始めて、最終的にミカン大のサイズまでハゲが大きくなりました。半年経っても治らないので、これはさすがにストレスや疲れがたまってるんだなと気づきました」

その頃、ちょうど高円寺の実店舗が老朽化によって取り壊すという話が出た。大家からは、「もし移転するなら引っ越し代は出すし、再建築後に続けてもよい」と言われたのだが、この際もうやめてしまおうと思った。

「仕事を縫い物だけにしたらハゲは治るんじゃないかな、と思ってたんですけど、本当に治りました（笑）」

そうして「CHOCOLATE CHIWAWA」は２０１７年の6月15日、オープンからちょうど18年で閉店した。サブカル好きの人たちが集まるにぎやかなお店だっただけに、ＳＮＳ上では惜しむ声も上がっていた。実店舗がなくなったとき、すまきゅーさんはどう感じたのだろうか？

「いやあ、そう思っていただけるのはありがたいんですけど……。正直、個人的には寂しいとかは全然ないんですよね。長く続いた店が終わるとき『これまでどうもありがとう！』とか感動的にＳＮＳに載せる人いますけど、私は別にそういうのいいかな～って、特に何もなくささっと店じまいしちゃいました」

すまきゅーさんは、店舗に関してはクールな考え方をしていた。そもそも、高円寺に居を構えていたのも、「古着屋といえば高円寺」という理由からであり、お店を辞めたら高円寺に居続ける意味はなくなった。

「高円寺という街にも特に思い入れはないんですよ。私は本当はもっと落ち着いた一軒家が並ぶ住宅街のほうが好きなんです。新しい作業場は布の問屋街の近くにしました。依頼が来たら、すぐに材料を買いに行けるから合理的なんですよ」

現在「CHOCOLATE CHIWAWA」は、実店舗ではなく、コスチュームを受注生産する会社の屋号になっている。

## 「仕事と遊びの区別がないんです」

相変わらずの忙しさで、まだ引っ越しの荷物の整理すらできていないが、実店舗がなくなった分、少しだけ余裕ができた。最近は時間を見つけては、交通量調査や、分譲マンションの駐輪場の案内などの、派遣型のアルバイトに足しげく通っているという。

「私は仕事と遊びの区別がないんですよね。毎日遊んで暮らしてるけど、毎日仕事してるっていう感じなんです。服を作っているのも、アルバイトしてるのもどちらも楽しいですね。昔から時間の経つのがとても早く感じるたちで、これまでの46年あっと言う間だったなって印象です。だからこの後もあっという間に過ぎていくんだろうから、やりたいことはなんでもやっておかないと!!　って思って暮らしています」

# File.4

スーパーで働きながらすし屋を開いた男

# 近藤晋太朗

（すし職人）

「人に紹介したくないと思われているお店が、
そのまま潰れてしまうことって
実はよくあるんですよ。」

# 1人では絶対にたどり着けない場所にある店

大阪出張中に、知人から「知り合いがやっている面白いすし屋があるので行きませんか？」と誘われた。ちょうどお腹もすいていたので、話に乗ることにした。

タクシーは「座裏《ざうら》」と呼ばれる地域に停まった。かつて「新歌舞伎座」（現在は大阪市天王寺区上本町に移転）があった場所の裏手だから、座裏という名称のようだ。細い路地にたくさんの飲食店が密集している。その中でも、かなり年季の入った建物に案内された。1階には居酒屋が入っていて、その横を通路が走っている。雑居ビルの怪しい雰囲気が漂っていた。そのいちばん奥に「松寿し」はあった。1人では絶対にたどり着けない場所である。

おそるおそるドアを開けて中に入ると、これまた狭い。2坪（4畳）ほどの広さであり、もちろんカウンターしかない。4人座れば満席になってしまう。カウンターの中には、調理白衣に身を包んだ青年がいた。近藤晋太朗さん（38歳）だ。知人からは親しみを持って、「スシニィ」と呼ばれている。

スシニィこと近藤晋太朗さん

コースはあらかじめ決まっており、飲み物の注文だけ済ませる。間もなく、目の前のお皿にスッと握りたてのおすしが1つ置かれた。

「タイの雀鮨《すずめずし》風です」

なんのことかわからずポカンとしていると説明してくれた。

タイを酢と塩で強めに締めて、その上に煮返しを塗っている。煮返しとは酒とみりんを合わせたものからアルコールを飛ばして味をつけたものだ。その上に薄い板上の昆布が乗っている。おぼろ昆布を削りながら製作するとき、最後に残る部分だ。職人が手作業で作ったときにだけ残る食材で、今は職人が少なくなり機械で作ることが多いため手に入れるのが難しいという。

タイにはすでに味がついているので、しょうゆ

雑居ビルのいちばん奥に「松寿し」はある

はつけずに口に運んだ。

　僕の知っているおすしとはまるで違う味だったのでビックリしてしまった。もちろんおいしいのだが、それ以上にまったく知らない食べ物に触れたことが楽しかった。

　それからも凝ったおすしが次々に出てくる。普通のおすし屋さんでは珍しい昆布締《こぶじ》めにしたブリのおすし、大阪では調理に手間がかかるためあまり食べられないコハダのおすし、スルメイカを開いて干したものを水で戻し改めて煮イカにしたおすし、などなどだ。どれもとても手間がかかっているのがわかる。

　続いて、煮ハマグリのおすしが出てきた。

「こちらは江戸前の仕事になります。ハマ

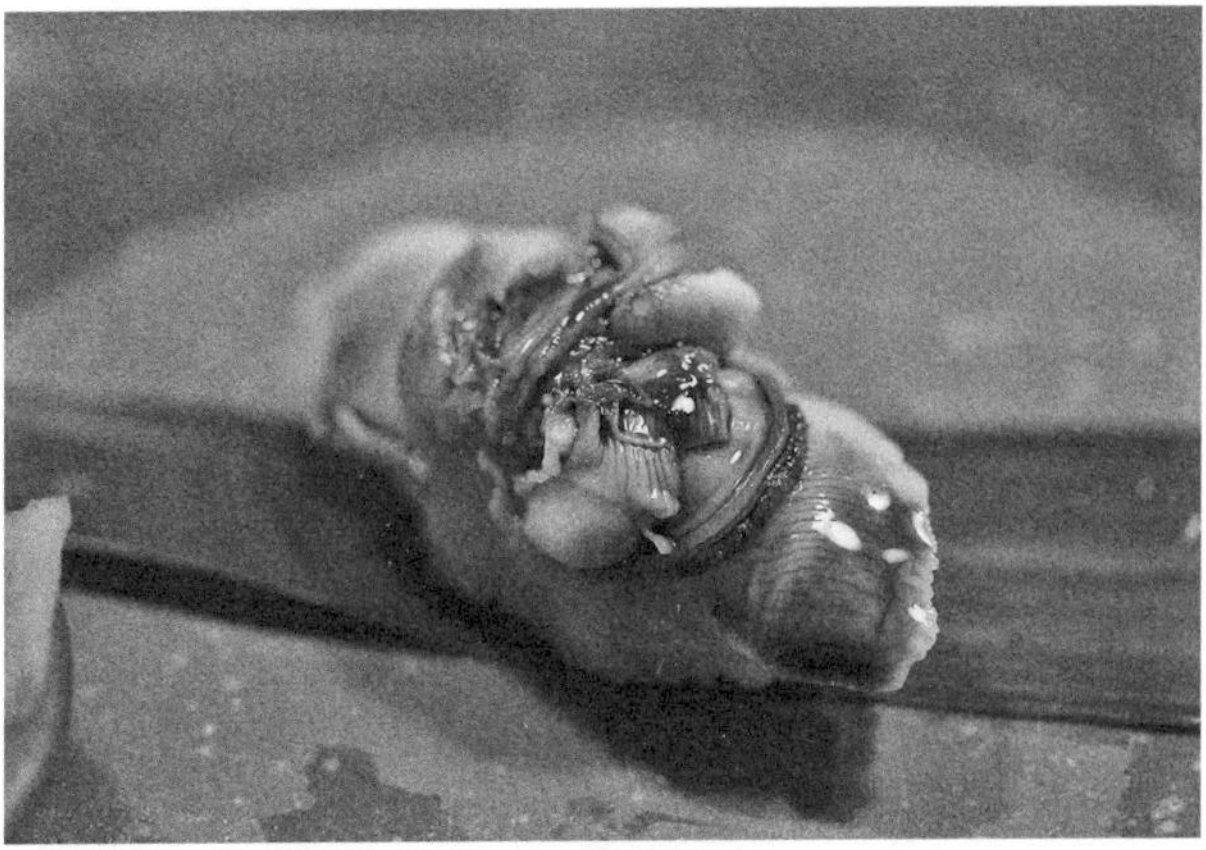

大阪ではなかなか食べられない江戸前のすし

グリのおすしは大阪ではほとんど食べられないですね。生きている状態から殻をむき、その身を水から沸騰させていったん引き上げます。その煮汁に味をつけて、そこに先程の身を漬け込みます」

まずハマグリの殻を開けるのがものすごく大変だという。本には、『貝割機で開けましょう』と簡単に書いてあるが、新鮮なハマグリはビッチリと口を閉じていてヤワな道具では開けられない。ハマグリもまさに命懸けだから必死なのだ。近藤さんはゴツいマイナスドライバーで強引に開いているという。

口に運ぶと、ハマグリのおいしさをギュウッと固めたようなおすしだった。具材はそれほど珍しいものではなくても、手間暇をかけると未知の味になるんだと驚いた。大阪でちょっとおいしいもの食べて帰ろう、くらいの気分だったのに、すっかりカルチャーショックを受けてしまった。

## 祖父も父親も修行経験はなし

スシニィこと近藤さんがどうしてこの小さいけれどすし愛にあふれるお店を始めたのか。松寿しの店内で話を聞いた。

「出身は今里《いまざと》新地（大阪市生野区）のど真ん中ですね。実家は祖父が開いたおすし屋さんを経営していました。僕の祖父が働いていた頃は定年が50歳だったそうで、会社を辞めた後に『さて何をしようか？』と考えておすし屋さんを始めたそうです。だからきっちりと修業をしたわけではなかったんですね」

今里新地はもともと遊郭だった地域だ。近藤さんが小さい頃はまだ色街の名残があった。そこへ通うお客さんや、近くの工場の社長さんなどがすし屋を訪れていた。

「その後、父親が跡を継ぎました。父親は就職が決まっていたのに辞めさせられたそうです。父親も修業には行かなかったんですが、近所のおすし屋さんの技術を見て盗んで覚えたそうです」

そんな環境の中で、近藤さんは育った。祖父の思いつきで始めたすし屋さんだから、そもそもすし屋の家系ではないのだが、なぜかいとこ3人がすし屋になっているという。不思議とすしに縁がある人生なんだな、と思う。

「小学生のときは食べることが好きだったので調理師になりたいなとは思っていましたけど、おすし屋さんとは決めていなかったですね。ケーキが好きだからケーキ屋さんになろうかな～とかふわふわした夢でした。高校のときの進路相談で『将来はすし屋になります』と言いまして、それから就職しました」

高級店で修業することになった。ただ1年間、修業はしたものの、覚悟なく入ったこともあり、あまり身につかないまま辞めてしまった。

## 修業時代は人間関係で苦労することも

「そこからはお店を転々としました。いとこのおすし屋でも働きましたし、居酒屋の厨房にも入りました。30歳になる頃に『これじゃいかん』と思いまして、職安でおすし屋さんの求人を探しました」

そして心斎橋前にある老舗店に入った。１８０年以上続く、総本山的なお店だった。

「最初は当時母が病気ということもあってアルバイトで入ったんですが、入店して３カ月ほどで母が亡くなってしまったので、それからきちんと就職しました」

現場はとても厳しかった。愛情はあるのだが、とにかくボロクソに怒られることも多かった。

「僕は少し集団になじめないところがあって、そこは苦労しましたね。ただ、おしさん（師匠）は怒るけど、ちゃんと教えてくれる人でした。きっちりと一から技術を学ばせてもらいました。おしさんは今でも慕《した》って会いに行っています」

多くのすし屋は集団で働く。そこにはやはり集団ならではの人間関係の難しさがあるという。中には10年やっても出前しかさせてもらえない職人もいる。そうして不遇のまま、潰れてしまう職人も少なくないという。

近藤さんは厳しいお店で４年３カ月間働いた。近藤さんとしては、辞めるつもりはなかったのだが、お店が閉店することになってしまった。店が老朽化して建て直さなければならなくなったのだが、それに職人たちが反対し、結果的に解散という形になってしまった。職人たちは皆それぞれ新しいお店に移っていった。

「おしさんは繁華街にある大衆店に行きました。そのお店は今、外国人のお客さんがたくさん訪れていて、すしネタの回転がすごく早いんですよ。つまりすごい良いネタが使われていて、そこにおしさんみたいな一流の職人が働いてますから、オススメですね!!」

お店が閉店になったとき、近藤さんは33歳だった。それから1年間は退職金でゆっくりしながら、次の職を探した。そして、市内の繁華街にあるすし屋さんに再就職した。

「そこが絵に描いたようなブラック企業でした。店長はオーナーに完全に洗脳されていましたね。労働時間はめちゃくちゃ法外で、店長は朝7時出勤で深夜2時までぶっ通しで働いてました。それで月給30万円ちょいですからね。狂ってます」

店長はストレスからか、空いている時間にはパチンコに通いお金を全部使ってしまうようになっていた。

「店長が途中からパチンコはやめて、貯金するようになったんです。でも自分のためにおカネを貯めてるわけじゃないんです。『１０００万円貯めたら、俺もオーナーに認めてもらえるかな?』とか言ってるんですよ。本当に洗脳されてますね」

## お店を辞め開店準備へ

労働時間が長いだけではない。失敗すると、ひどく暴力を受けた。もちろん近藤さんも、店長に負けず劣らずのひどい待遇を受けていた。

「そこで1年間働きましたけど、だんだん頭がおかしくなってきました。病院に行ったら、うつの診断が出ました」

休養ではなく、お店を辞めることにした。

「お店を辞めるとき、つくづく僕は集団の中で働くのに向いていないんだな、と思い知りました。だったら、1人でお店を開店するしかないと覚悟を決めました」

開店資金を貯めるためにしばらくスポーツバーなどで働いた。ちょうどそのときに、父母が入れていてくれた保険が満期になり現金が戻ってきた。

「お店を開けるだけの現金が手元にできたので、場所を探すことにしました」

探していると、現在の松寿しがある場所が見つかった。もともとはバーであり、前のオーナーが飛んだ（無断でいなくなった）後、1年間放置された物件だった。物はすべて置きっ

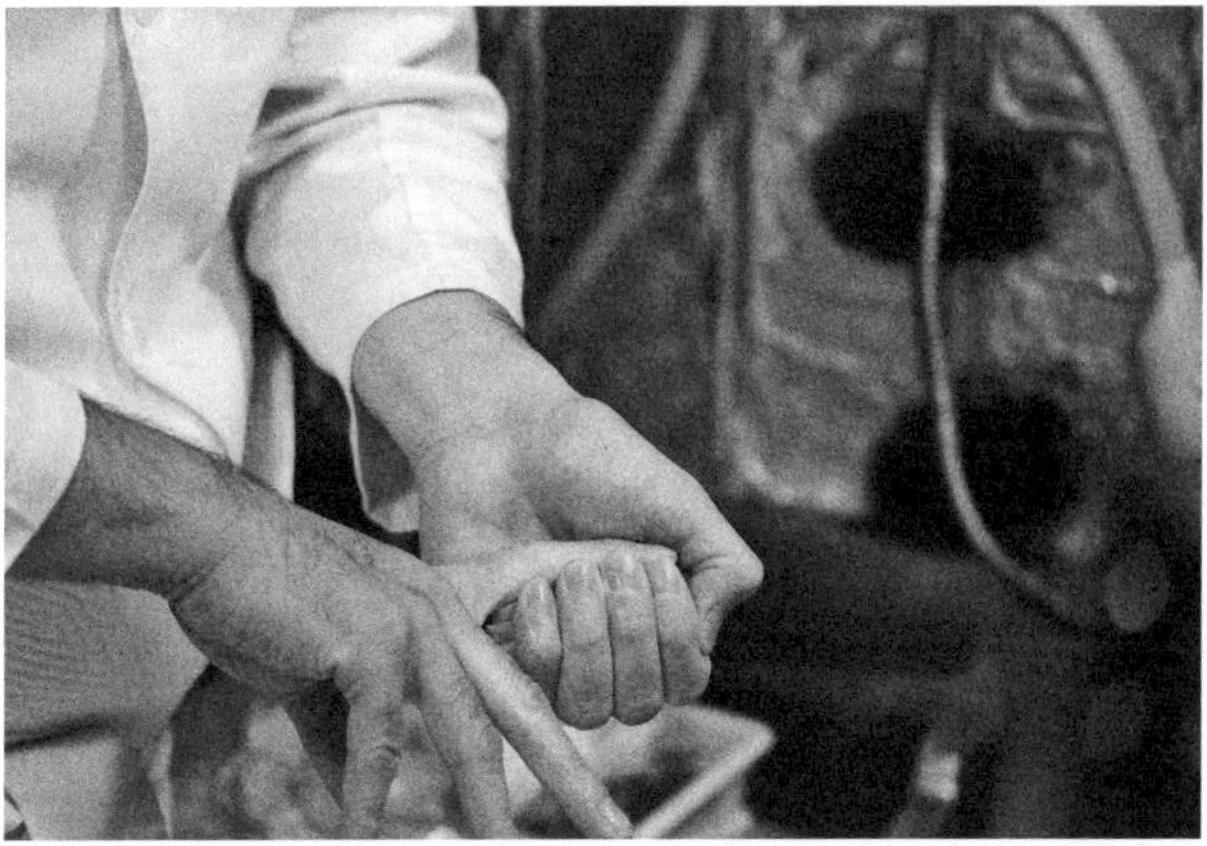

ぱなしで、冷蔵庫を開けると黒い液体が流れ出てきた。苦労してきれいに掃除をし、やっとオープンにこぎつけた。

「すし職人とはなんだろうと考えました。そして〝仕事をしたすし〟を出すことにしました。代表的なところでは、江戸前ずしと大阪ずしですね」

筆者のつたないおすしに対する認識は、「なるべく新鮮な魚を使ったおすしのほうがおいしい」くらいのものだった。でも冷凍冷蔵技術ができたのはここ数十年の話で、おすしの歴史はもっともっと古い。魚介類を日持ちするよう加工するのが、おすしの源流なのだ。

江戸前ずしは江戸時代、東京湾で獲れた魚を、酢や塩で締めたり、タレに漬け込んだりして、日持ちするよう工夫したすしである。大阪ずしは、起源は平安時代まで遡《さかのぼ》る発酵ずしだ。発酵ずしでは、なれずしが代表的だ。巻きずし、バッテラずしなども、大阪ずしと呼ばれる。どちらも現在の主流のすしではないが、大いにすし職人の腕が試されるすしである。

## 文献をたどり古い技術を再生させることも

「『おすしの店』にしたかったので、あてもの（おつまみ）は極力置かないことにしました。心から『すしを食べたい』と思ったとき、うちを選んでほしいですね。今はすしバーを名乗ってますが、すし好きが集まるすしサロンにしたいと思ってます。空間を楽しんでもらいたいですね」

近藤さんは自分のことを〝すしオタク〟だな、と自覚している。おいしいものには貪欲だ。文献をたどり古い技術を再生させることもある。また、たまたま食べに行った、ミシュラン二つ星のレストランのメニューを再現する。頭の固い人には邪道と呼ばれる技法だって、おいしければドンドン取り入れていきたい。世界各国の食材加工の技術（たとえば鶏をヨーグルトに漬け込んだタンドリーチキン）もいつかすしに応用できると思っている。

「夢は大きかったですが、いきなりすし屋の収入だけで運営していくのは厳しいですから、お昼はスーパーで働きました。当初はお昼の稼ぎで家賃を払っていました」

〝丁寧に仕事をしたすし〟を提供するということは、つまり作業時間が長くかかるということだ。スーパーで働きながら、すし屋をするのはとても大変だった。

「朝8時に起きて市場に行きます。買った魚はいったんバイト先のスーパーの冷蔵庫にしまって、それからはスーパーの仕事をします」

松寿しは狭いため店内で仕込み作業ができない。14～15時に仕事を終えて、実家のすし屋へネタを持っていき、そこで急いで仕込みをする。お米も炊く。

「ここ（松寿し）で仕込みをしたほうが効率がいいのはわかっているんですけどね。こればっかりは仕方がないです」

仕事をしたネタやシャリを持ってお店に向かい、19時にお店をオープンしていた。

そんな忙しい日々を送っていたが、同時にお客さんを呼び込む努力もしていた。

「知り合いのバーで開催したすしイベントに参加しました。サービス価格でまずは皆さんに僕のすしを食べてもらって、自分の腕を見てもらいました。すし屋をオープンして、友達が食べに来てくれるか？　というとそんなことは全然ないんですよ。腕の保証がないと、友達だって来てもらえません。そうやって、食べていただいて自分の腕を知ってもらいました」

そして2018年7月、働いていたスーパーが閉店になってしまった。

「じゃあもうすし屋一本でやっていこうと思いました。オープンを18時に変更しました。仕込みにも時間をかけられるようになって、より精度が高くなりました」

口コミで客も増え、すし屋一本でも営業していくことができるようになった。そしてあっと言う間に、開店して1年が経った。

## いいと思った店はみんなに紹介してほしい

開店から3カ月ほどで閉店してしまう飲食店は少なくない。

「2019年はとても面白い1年でした。でもここからが本当の勝負だと思います。とにかくここで最低5年はお店をやろうと思ってます。5年頑張って、移転の費用も稼げないなら、それまでかなとも思います。軌道に乗ったらここを拡張するかもしれないし、新しいお店に移転するかもしれません。頑張って費用を貯められるだけの実力をつけたいですね」

近藤さんは笑顔で言った。

アマダイの味噌漬けのあぶり

コースの最後は、アマダイの味噌漬けのあぶりのおすしだった。店内で豪快にバーナーの炎であぶる。香ばしい臭いが店内に広がる。このおすしは近藤さんのオリジナルメニューだという。

「カラスミを味噌漬けにするときの味噌が余ったんです。それでどうしようかなと思って。昆布締めと同じ発想でいけるんじゃないかな？　と思いつきました」

昆布締めは、食材に昆布を巻くことで水分が昆布に吸収されて身が締まる、それと同時に昆布の旨味が食材に移りおいしくなるという原理だ。味噌には塩分が入っているので味噌漬けにすると浸透圧で水分が抜ける。そして水分が抜けたところに味噌の旨味が入っていく。味噌の旨味が入ったアマダイをあぶることで、さらに旨味も出て風味も出る。頰張ると、味噌と魚の香りが口中いっぱいに広がった。噛めば身からグッと味が出る。なんとも美味い。

こういう隠れ家的なお店は、逆に人に紹介したくなくなる。自分だけの店にして、とっておきの接客のときなどに使いたい。そう言うと、近藤さんは笑いながら、「人に紹介したくないと思われているお店が、そのまま潰れてしまうことって実はよくあるんですよ。いいと思った店はみんなに紹介してください。それがいちばんです」と語った。

確かに潰れてしまっては元も子もない。皆さんももし自分だけのおいしいお店を知っていたら、そっと教えてほしい。

近藤さんはその後、コロナ禍もあり狭い店から3歩先にある、少し大きな店に移転した。今後はさらなるすしのクオリティを求め移転や、従業員の雇用を考えている。

# File.5

不登校からトッププロガーになった男

# やしろあずき

（ギャグ漫画家）

「バズった拍子に、
一瞬だけウェブの収入が会社の給料を
抜いたことがありました。
それで『もういいや、辞めよう』って。」

## ＳＮＳやウェブサービスを駆使した新しいタイプの漫画家

やしろあずきさん（30歳）は、主にＳＮＳやブログなどのウェブ媒体を中心に活躍しているギャグ漫画家である。家族や友達をネタにした漫画、中学時代の思い出をネタにした漫画など、日常の一片をテーマにした漫画は老若男女の広い層に受け入れられている。さまざまなウェブ媒体に連載しつつ、企業からの依頼で宣伝を目的としたタイアップ漫画も描いている。２０１７年に始めたライブドアブログ『やしろあずきの日常』は定期的に漫画を掲載していたが、オープンから1年でなんと８００万人中1位に輝いた。

また同人誌を発売したり、キンドルアンリミテッド（Kindle Unlimited：キンドルの読み放題サービス）で作品を販売したりなど、さまざまなメディアで活発に活動している。漫画家以外では、漫画家専門のインフルエンサービジネスを手がけるwwwaap（ワープ）の執行役員、オタク向けの不動産事業を手がけるグランツアアセットの執行役員も務めている。

やしろさんは、「漫画雑誌で連載して原稿料をもらい、作品がたまったら単行本を発売して印税をもらう」という今までの漫画家とはかなり違う、新しい稼ぎ方をしている。彼がど

新しい稼ぎ方をしている漫画家のやしろあずきさん

のように今の稼ぎ方にたどり着いたのか、自宅兼作業場である高層マンションにてお話を伺った。

やしろさんは神奈川県横浜市で生まれた。

「家の前が幼稚園だったんですけど、『お母さんが来ないと嫌だ』って泣いちゃうような、甘えん坊な子どもでしたね」

小学校時代はごく普通に暮らしていたが、小学4年生のとき、父親が亡くなってしまった。

「父は仕事で世界を飛び回って働いている人でした。父が多少のお金を遺してくれたので、金銭的な苦労はなかったです。それ以降、母に女手ひとつで育ててもらいました。母と今でも仲がいいのは、父の死が影響していると思います」

小学生の頃は、友達はいたものの、家で漫画を読んだり、ゲームをしたりするのが好きだった。その頃の夢は漫画家であり、執筆もしていた。小学館の『月刊コロコロコミック』のファンで『スーパーマリオくん』（沢田ユキオ）のような漫画を描きたいと憧れていた。

## 母が入院すると、引きこもってゲームをしていた

父の死後、徐々に引きこもり気味になっていった。

「中学に進学して、引きこもりが悪化しました。ネットゲームにめちゃくちゃハマってあまり学校に行かなくなりました。正確にはテニス部には行っていたのですが、授業には出ませんでした。クラスのみんなにも『レベル99になるまで学校に来ない』って宣言してました」

中学2年生のときに母親が目の病で入院した。手術を必要とする病気だったため、1カ月ほどの長い入院生活になった。

「『これはチャンスだ!!』って思ってまったく学校に行かなくなりました。おばあちゃん、おじいちゃんと一緒に住んでいたんですけど、学校に行くふりをして玄関から外に出て、別

の入り口からそっと部屋に戻りました」

自室に戻ると、ひたすらパソコンでゲームを続けていた。しかし実は祖母にはやしろさんの行動はバレていた。祖母は入院している母親に事態を相談した。

「母親が退院して家に帰ってきた瞬間に、パソコンを窓から投げ捨てられました。『学校行ってないでしょ!!』って怒られました。僕の人生で、母親にいちばん迷惑かけていた時期でしたね」

そんな中学時代にも漫画は描いていた。

「『バトル・ロワイアル』にハマっていて、クラスのみんなが殺し合う漫画を描いていました。でも描いている途中に不良に見つかってしまいました」

やしろさんが通う学校にはまだ不良がいた。彼らに嫌なちょっかいをかけられるのも、学校に行かなくなった原因の１つだった。

不良は当然、やしろさんの漫画にも口を出してきた。

「『俺を殺したらただじゃおかねえぞ!!』って脅されました。『もっと俺をかっこよく描け』『エミネムのＴシャツを着せろ』とか、すごい細かく指示してくるんです。不良が担当編集みたいになっていました（笑）。結局、不良を優勝させるしかなくなり、不良がヘリコプターに乗って全員を撃ち殺して終わるという、散々なオチになってしまいました。まるで『不良打ち切り』ですね」

中学3年からは学校に復帰し、補習、補講を受けて無事卒業した。そして高校へ進学した。

「当時は電車通学に憧れてました。かっこいいなって。なので母に無理を言って、家から離れた学校を選びました。でも実際に通ってみたら、すごいつらかったです。毎日電車乗るの、だるすぎました」

高校1年の中盤から、不登校になった。学校に行くふりをして家を出るのだが、ネットカフェに入ってネットゲームをしていた。

「昼食は母親に作ってもらったお弁当を食べたいんですが、ネットカフェ内で食べると怒られるんですよ。だからお弁当を食べるときだけ、外に出て公園に行きました」

## ホームレスの人たちからいろいろ学んだ

やしろさんが通っていたネットカフェは、日雇い労働者が集まる、いわゆるドヤ街と呼ばれる場所の近くにあった。やしろさんがお弁当を食べるために立ち寄った公園には、ホームレスのオジサンたちがたくさんいた。その中で１人弁当を食べた。

「１年以上そうやって公園でお弁当を食べていました。毎日ホームレスのオジサンたちとしゃべっていたので仲良くなりました。彼らからはいろいろ学びましたね。大体の人は酒と女で失敗してるんだな、とか。たまに株で失敗した人もいるんだ……とか。中には『俺はＦＢＩだ！』とか言う人もいました。誘われてドヤ（簡易宿泊所）に泊まったこともあります。すごい汚くてビックリしました。浴場に行ったら、じいさんがキレてるし……。ある意味楽しかったですね」

いつものようにお弁当を食べていると、ホームレスのおじいさんに、「こんなところで親の弁当食べてるんじゃねえよ！　お前は俺らが戻りたくても戻れないところにいるんだから頑張れよ。お前は全員がうらやましいと思う生活をしてるんだ!!」と、説教された。

「叱られて、確かにそのとおりだと思いました。そして心機一転、高校２年からまた学校に行き始めました。ホームレスの皆さんと過ごした経験は、今でも生かされてると思います」

高校２年で復帰してからは、たくさんの補講を受けた。２年生の後半からはオタクな友達もでき始め、学校が楽しくなってきた。ただし中学まで描いていた漫画は、高校時代はまったく描かなくなってしまっていた。

「大学へ進学することに決めました。僕は陰キャ（陰気なキャラクター）でオタクだったので、そういう人がたくさんいそうな東京工科大学を選びました」

ＡＯ受験で無事大学に進むことができた。大学も横浜から通ったので、結構遠かったが、友達もたくさんできて楽しかった。

「大学の友人が同人誌を出しているのを見て、いいな〜と思いました。僕もそういう活動を始めてみたいなと考えるようになりました」

そして20歳前後になって、友達の見よう見まねでペンタブレットを使いパソコンに絵を描き、ネットにアップし始めた。大学３年のとき、当時はやっていたアニメ『魔法少女まどか☆マギカ』の２次創作漫画の同人誌を友達と合同で描き販売した。

「全然売れなかったですね。50部刷って、１〜２部売れる……とか、そんな感じでした。全然売れないけど、楽しいからいいやって。でも絵も下手だし、こんなんじゃ食っていけるわけないな、と思ってました」

大学４年になったが、就活に対するやる気は全然なかった。

「適当に受けてどこか受かればいいな、と思ってましたけど全然就職先はありませんでした。就活時期に出した１冊の同人誌が売れました」

その同人誌は就活をテーマにしたものだった。『まどか☆マギカ』のキャラクター、キュゥべえが就活をする、という内容だった。

「就活ネタが世代とマッチしたようでした。50万~60万円入ってきました。それで『稼げるじゃないか!!』って思いました。ギャグ漫画って絵が下手でも、中身が面白ければ売れるんだなって。やりようがよければいけそうだって思いました」

## イベントで上位に入賞

しかし、もちろんすぐに食べていけるはずもなく、とりあえず就職しようと思った。そんなとき、「CEDEC2011 ペラ企画コンテスト」というゲーム協会のカンファレンスに参加した。

「A4用紙に、企画書を書いて出すイベントでした。発表の2時間前に慌てて書いて出したのですが、総合で2位、学生では1位を取ることができました」

やしろさんの企画は『途中下車推理~次に降りるのはお前だ!~』というものだった。バスに乗車している客の言動を見極め、下車する客を当てるゲームの企画書だ。このカンファレンスの結果は雑誌『ファミ通』にも掲載され、ゲーム会社からオファーが来た。

やしろさんの考えたゲームの企画書

「複数の会社から『面接はいいからウチに来てくれ』って言われました。素直に『就活スキップじゃん！』ってうれしかったですね」

やしろさんは、何社かの会社を回り、とあるゲーム会社に就職した。携帯電話用のソーシャルゲームを作る会社だった。企画力を買われて入社したため、ゲームの新しいアイデアを考えたり、ストーリーを書いたり、武器の名前を考えたりした。

「でも、すぐに会社に行くのが嫌になってしまいました。横浜から新宿に通っていたのもしんどかったですし、チームプレイにも向いてませんでした」

通勤をサボっているうちに正社員から、

契約社員になり、そして最終的には首を切られてしまった。半年でリタイアになったが、企画力を買われセガから声がかかった。

「自分で言うのは恥ずかしいですが、アイデアは当たることが多かったです。そういう能力はあったんだと思います」

新しい職場は、電車で30分と比較的近かった。社内の企画コンテストで1位になるなど、実績を出すこともできた。大手の会社だけあって、給料も待遇もとてもよかった。

「すごくいい会社だったんですが、それでもキツくなってきました。前の会社は遠かったし、仕事もしんどかったからダメだったんだと思っていたんですが、そうじゃないんだなって気づきました。会社に行くことを自分の内面が拒否してるなって思いました」

## 漫画を描き始めたが、原稿料は微々たるものだった

会社を辞める前に、現在の漫画に通じる漫画を描き始め、ツイッターにアップするようになった。

「漫画の収入が、会社の給料を抜いたら会社を辞めようと決めました。続けるうちにフォロ

『スタバで見た小学生達の話』

ワーは順当に増えていき、まれにポンと跳ねることもありました。ただマネタイズはできていなかったです」

そして『つぶやきGANMA!』などのウェブ媒体で連載を始めたものの、原稿料は微々たるものだった。

そんなとき、動画投稿サイト「Vine」に投稿した動画がバズった。やしろさんが部屋で人形遊びをしている様子を母親が見ていた、という短い動画だが、一時的に再生回数が世界一になった。

また、ツイッターに投稿した漫画が15万回以上というとんでもない数、リツイートされた。それは『スタバで見た小学生達の話』という、やしろさんがスターバックスコーヒーで実際に見た小学生たちを描いた4コマ漫画だった。その年の、RT数ランキング日本3位という快挙だった。

「バズった拍子に、一瞬だけウェブの収入が会社の給料を抜いたことがありました。それで『もういいや、辞めよう』って思って、そのまま辞めちゃいました。でもその後はなかなかうまくいかなくて苦労しましたね」

　複数の媒体で連載をして、なんとか月20万〜25万円の収入を得た。食べてはいけるが、決して楽ではない。そんな頃、世の中では影響力のある人間〝インフルエンサー〟を対象にしたビジネスがはやり出してきていた。わかりやすく言えば「ＳＮＳのフォロワー数が多い人にお金を払い、宣伝をしてもらおう」というビジネスだ。

「インフルエンサービジネスにうまく乗れたって感じですね。ＰＲ漫画は原稿料が高いです。普通の媒体だと１本描いて３０００〜１万円程度でした。でもＰＲ漫画なら１本描いたら20万円でした。自分に価値がつけば値段は上がっていきます。現在は１本２００万円以上になっています。これだったら食べていけるかもしれない、と思いました。収入はなんとか安定したので結婚することにしました。ただＰＲ漫画ってやっぱり商品の宣伝が基本なので、好きなことは描けないんですね。やっぱり自分の漫画も描きたいと思いました」

　やしろさんは、ライブドアブログで公式ブロガーとして漫画を描くことにした。

## 紙媒体で漫画を描きたいという思いも

これが人生の第2の転機になった。

「公式ブロガーとして『やしろあずきの日常』を始めて1年で、グランプリになることができました。公式ブロガーはアクセス数に応じてお金がもらえます。相応の報酬をいただいています。僕は、いわゆるユーチューバー的な稼ぎ方をしていると思います。普段は日常的な漫画を描いて、たまにＰＲ漫画を描くというスタイルです」

漫画と言えば、雑誌や単行本のイメージがある人が多いだろう。実際、やしろさんも、『月刊コロコロコミック』のファンだったから紙媒体に対する思い入れはある。

「実際、少し紙媒体もやったのですが、難しいなと思いました」

紙媒体はウェブ媒体に比べて、締め切りが厳しい。「遅れちゃいました」では済まされない。また、紙媒体は古いやり方をしている人も多い。「やしろさんが送ったネーム（下描き）を刷り出した紙に、赤ペンで赤入れ（修正指示）をし、それをスキャンしたファイル」がメールで送られてきたときには、「なんでそんな面倒くさいことを……。もっといいやり方が

あるのでは？」と面食らったという。

また、「なにかと電話で話したがる」「都内まで呼び出されて足を運んだら、30分で用事が終わった」など紙媒体の編集にありがちな、旧弊的なやり方に閉口する部分が多かった。

「僕はとにかく電話が苦手で、電話がかかってくるたびに『死の宣告』をされているような気持ちになってしまい、精神をやられてしまいました」

やしろさんは、「自己プロデュースが得意な人は『漫画家と編集がタッグを組む』という昔ながらのやり方をする必要はないのではないか？」と考えている。やしろさんには現在担当編集は何人もいるが、連絡を引き継ぐなど連絡係的な仕事しかしていないという。逆にＳＮＳの使い方が下手な人や、自己表現が苦手な人は、編集がブレインになり、うまくやっていくのがいいと思う。

「でも夢として『完全オリジナルギャグ漫画』を、紙媒体で描いてみたいという気持ちはあります。今やると、おそらく迷惑をかけると思うのでできませんが、将来的にはやってみたいですね」

## 漫画を描けなくなったときの備えもしている

「完全オリジナルギャグ漫画」を作るには、漫画を製作する時間を確保しなければならない。

「もっと仕事を組織化していきたいですね。今は奥さんに連絡を手伝ってもらって、アシスタントを１人雇っていますが、まだまだうまく運用できていません。もっと作画のための人を雇うなどして、作業効率化を進め、時間を作っていきたいですね」

逆に、右手を負傷するなどして漫画が描けなくなってしまったときのことも考えている。

「漫画専門のインフルエンサービジネスをしている、wwwaapの執行役員に就任しています。もともと、担当の編集が独立して作った会社でした。ＰＲ漫画を専門にする会社です。また、オタク専門の不動産会社『おたくのやどかり』を運営する株式会社グランツアセットの執行役員にも就任しています。どちらも『もし漫画が描けなくなったら』という保険という面はありますが、どちらも自分のやりたいことであり、楽しんでやっています」

やしろさんはツイッターにて41万人以上のフォロワーがいる。これはすごい数だが、実はやしろさんの母親のアカウントにも8万人以上のフォロワーがいる。60歳以上の人のアカウントに、それほど多くのフォロワーが集うのはとても珍しい。やしろさんの漫画に登場する、

キンドルアンリミテッドで楽しめる漫画『やしろあず記』

「ババア」の豪放磊落《ごうほうらいらく》なキャラクターが受けているのだ。

お母さんは、やしろさんと一緒にイベントに出たり、同人誌を販売。また一緒にゲーム実況（ゲームしている様子を配信）をしたりしている。お母さんもネットなどで稼げるようになったので、今まで働いていた仕事を辞めて生活しているという。

やしろさんは1人っ子で父親が早くに逝去《せいきょ》しているため、家族で遊んでいる人たちがうらやましかったという。母親に「なんで、俺は1人なんだよ」と食ってかかったこともあった。

「今になって母親といろいろなことができるのは、本当にうれしいです。中学のときは母親に本当に迷惑をかけっぱなしでしたから。最近、母親が『占いを始めたい』と言っています。僕としては応援したいと思ってます。おカネも出したいし、プロデュースもして、大々的に『ババァの占い屋さん』としてお店を開きたいですね。占いって人生相談的な意味合いが強いじゃないですか。ババァと話したい人がたくさん来てくれるんじゃないでしょうか？　僕はつねに家族を大事にしたいと思っています。それで周りの人たちみんなで楽しみながら『やしろあずき』というコンテンツを作り上げていければいいな、と思っています」

## 漫画家として新しく時代を築いた開拓者

やしろさんは新しい世代の漫画家の代表格だろう。ＳＮＳやウェブサービスを駆使して、自分自身や自分の作品をより広め、マネタイズしている。ただ、時代は待ったなしで進化していく。今の最先端もいつかは古くなる。やしろさんはどのように対策しているのだろうか？

「今、栄えているＳＮＳもいつなくなるかわからないですよね。自分がどこに向かっているのかをつねに考えています。僕は『考えるのをやめたら終わり』の世界に生きています。だから、いつも考えていたいです。日進月歩する新しい技術もちゃんと自分の手に入れたいです。それでもいつかはついていけなくなるかもしれないんですが、でも自分に理解できないからって批判や文句は言いたくないですね。いつまでも子どもの心を持って生きていたいと思います」

新しい時代の開拓者というと、クールでトゲトゲしたイメージを持ってしまうこともあるが、実際お会いしたやしろさんはとても温かく、優しい人だった。彼が多くの人に愛されている理由はすぐにわかった。これからも、やしろさんにはさまざまなメディアで漫画を発信して、僕たちを楽しませてほしいと思った。

## File.6

関西電力を脱サラして
大阪一のラーメン屋を作った男

# 丈六達司

(「麺屋 丈六」店主/元原発作業員)

「会社の上の人に
めちゃくちゃ怒られました。
『レール敷いてるの
わかってるんだろ?』って。」

## 人々を夢中にさせるラーメンにたどり着くまで

「麺屋 丈六《じょうろく》」は、人気飲食店が集まる通称〝ウラなんば〟の中でも特に人気のあるラーメン店だ。カウンター席に座れるのは8人。広い店内の半分は順番を待つ人たちのためにいすが並べられているのだが、店内に収まり切らないほどのお客さんがじっと順番を待っている。

メインメニューは大阪ご当地の〝高井田系〟のラーメンだ。スープは鶏ガラ、濃口しょうゆ、ネギのざく切りを乗せた中太麺の一品だ。黒いスープが特徴で、しょうゆの香りが食欲をそそる。見た目よりもアッサリとしているが、深いコクと風味があり、思わず一気に食べてしまった。毎週のように通うという常連さんも多いらしいが、実際に食してみるとそれもうなずける。

「麺屋 丈六」では、毎月第1週の日曜日の朝7時から10時に〝おはようラーメン〟というイベントを開催している。早朝からラーメンを食べたい人がいるの？ と思うかもしれないが、このイベントには30人以上の行列ができる。店長いわく8割以上はラーメンマニアの人たちで、お店に並びながらさまざまなお店について情報交換をするらしい。みんなにとても

愛されているラーメン店だ。

そんな「麺屋 丈六」の店長を務めるのが丈六達司さん（55歳）だ。丈六さんはどのような人生を経て、人々を夢中にさせる一杯のラーメンにたどり着いたのか？　お昼休みに、店内で話を聞いた。

丈六さんは、和歌山県に生まれた。

「小さい頃から親父と一緒にご当地の和歌山ラーメンを食べ歩いてましたね。それが僕のラーメン人生の始まりでした」

ただ子どもの頃はラーメン屋さんになりたいとは全然思っていなかった。

「父親は大工だったんですが、冬は寒いし、夏は暑いしで大変そうだから嫌やなと思ってました。

丈六の看板メニュー「中華そば」

おかんは美容室をやってましたが、美容室は女のやるもんだと思っていたから興味は湧かなかったですね。おかんには、『サラリーマンやったほうがいいよ』ってよく言われてました」

小学校1年生から剣道にはげむ、真面目な子どもだった。

和歌山の工業高校の電気科に入った。

「高校でも剣道やっていました。剣道を指導してくれた先生が国体で優勝した人で、めちゃくちゃしごかれました。今の基準で言ったら、厳しいどころのさわぎじゃないです。勉強もしてましたし、真面目な高校生活を送ってました」

当時、工業高校の電気科は卒業後の就職は、引く手あまただった。クラスの半分以上は一流企業に就職していたという。

## 高校卒業後は関西電力へ

そして、丈六さんは関西電力に入社した。

「電力会社は潰れんからいいわ、って思って入りました。福井の原子力発電所、高浜発電所の勤務になりました」

当時は、和歌山県日高郡日高町に原子力発電所を建てようとする動きがあった。おそらく福井の原子力発電所で経験を積んで、和歌山の原子力発電所が完成したら移ってきて働いてもらう……というもくろみだったのではないか？　と丈六さんは思う。ただし、和歌山の原子力発電所の計画は頓挫してしまった。

「結局福井の原子力発電所で16年、大阪で3年間勤務しました。最初はパトロール員から始まり、中央制御室のオペレーターへと順調に出世しました」

原子力発電所の仕事は、想像どおりとても緊張感があるものだったという。

「原子力発電所のワンプラントを建てるには、ざっくり3000億円くらいが必要です。何

関西電力勤務時代の丈六さん（写真：丈六さん提供）

かミスって施設が止まったら、1日1億円くらい関西電力は損をしていきます。理由はなんであれ、いったん停止したら2〜3日は再起動できません。1回止まったら2億〜3億円の損です」

つねに国の検査員が常駐し、見張られている中での作業になり、それもストレスになる。仕事内容のプレッシャーもあるが、勤務時間もなかなかハードだ。原子力発電所は24時間動いているため、輪番で深夜の労働もある。

「緊張で胃に穴があく人もいたし、円形脱毛症になる人もいました。ただ僕は天真らんまんな性格なので、それほど気負わずにひょいひょいとやっていましたね（笑）」

丈六さんは仕事内容に不満は感じなかった。日本の最先端の技術に触れられることは誇らしかったし、社会に貢献しているという思いもあった。

「ただ高浜原発があるのは福井の田舎なので、やることがなかったですね」

社会人になっても剣道は続けていて少年剣道教室などに練習に行っていた。大阪で開催される剣道の練習会に参加したときは、ラーメン本を見ながら府内のラーメンを食べ歩いた。

「当時、いちばん好きだったラーメンは相生《あいおい》橋の『月光仮面』というラーメン屋さんでしたね。鶏ガラ和風ダシのラーメンで好きでした。もう今はなくなってしまいましたけど」

ただ、剣道以外にはなかなかやることがなかった。そこでオートバイを買って、峠道を走ってみた。丈六さんは何事にもぐっと〝のめりこむ〟タイプである。オートバイにもすぐにのめりこんで、サーキットライセンスを取得して鈴《すず》鹿《か》サーキットで走った。バイクライフは楽しかったのだが、先輩所員2人がバイクで転んで足を骨折してしまった。会社からは「バイクは禁止」のお達しが出た。

「当時の課長がゴルフ好きだったんですよ。だからじゃあ次はゴルフをやろうかなと思って始めました」

ゴルフもすぐにのめりこんだ。夜勤明けで帰ってきて、そのまま寝ずにゴルフ場に直行。夕方までプレーをして家に帰ってから爆睡する、というタフな日もあった。26歳で結婚したときはいったんやめていたが、32歳で離婚して再び始めた。

「ゴルフプロにガッツリ教えてもらい、カントリークラブの競技会にも出場したね。当時はスコアも平均80台、最高は79でした」

## 早期退職制度を利用し、いよいよラーメンの道へ

そうして関西電力で37歳まで働いた。関西電力は早期定年退職という制度を作った。28歳以上の人は辞めることができ、退職金は少し多めに支払われるというルールだった。想定としては、給料の高い高年齢層に対する〝肩たたき〟のような制度だった。

「どさくさに紛れて『僕も辞めます』と手を挙げました」

発電所の核分裂を監視する運転員は、外部の研修施設で教育を受けている。その教育にはとてもおカネがかかっている。せっかく育てた働き盛りの人材が、急に辞められるのは困る。

「会社の上の人にめちゃくちゃ怒られました。『レール敷いてるのわかってるんだろ？』って。でもチャレンジしたいことがあるんです、って辞めました」

中途採用試験を受けて、大手中華料理グループ店に転職した。しかしあまり相性が合わず、2カ月くらいで辞めてしまった。

「ラーメン好きだから、ラーメン屋やったろうと思ってラーメン屋さんに勉強に行きました。実はそれまで、いっさい料理してこなかったんですよね。食べる専門でした」

半年間、ラーメン屋さんでアルバイトした後、大阪府寝屋川市でラーメン屋を開店した。塩ラーメンをメインにしたお店だったが、鳴かず飛ばずだった。

「初期投資も回収できない感じでした。ラーメンなめとったな、と思いました。1回、やめてちゃんと修行することにしました」

そのとき、丈六さんは42歳だった。脱サラして開店したお店を辞める、ということに焦りは感じなかったのだろうか？

「これで後がなくなった、みたいな焦りは全然なかったですね。バツイチで独身でしたし、自分の思うままにやったろうって考えてました」

名店に弟子入りし、2年間修行した。そしてその後、大阪の天保山《てんぽうざん》の近くにある世界最大級の水族館「海遊館」の中に店舗を出した。店舗の名前は「〇丈」だった。

「和歌山のラーメン屋さんは〇をつけていることが多いので〇丈にしました。メインのメニューは高井田ラーメンと、和歌山ラーメン（しょうゆとんこつラーメン）でした。どちらのラーメンも修行はしていないので、見よう見まねで作りました」

「〇丈」は徐々に話題になり、本の企画で取り上げられたりもした。ただ、水族館という場所柄、土日は混むが平日はヒマという欠点があった。2年間お店を続けた後、再契約はせずに新たな場所に引っ越すことにした。

## 引っ越し先は〝ウラなんば〟

「9年前、いろいろ物件を探して難波に引っ越してきました。今は〝ウラなんば〟って呼ばれて、もてはやされてますけど当時は全然人気なかったですよ」

ウラなんばとは、千日前通り商店街の南にあたる場所だ。さまざまな人気店が密集し、テレビなどでも取り上げられることが多い。

「僕が来たときはまだ砂《じゃ》利《り》道《みち》で、夜も人通りがなくて真っ暗ですよ。店は3～4軒しかなくって、違法の裏ビデオショップとかが立ち並ぶ怪しい通りでした」

知り合いのラーメン店主には「あかん、あんなとこに店出すな」と忠告された。ただ、とても家賃が安かったので、現在の場所に決めた。

「まあヒマだったら1人でぼちぼちやろう、と思ってたんです。実際最初は、夜の部は1人でやってました」

ところが開店してすぐに、ラーメンブログのブロガーの人たちが食べに来て記事をアップ

今と異なり人けがなかった“ウラなんば”へ店を移転

してくれた。海遊館より難波に来るほうが楽なので、ラーメンブロガーの方々が来店する頻度も高かった。そして、口コミで火がついた。土日は行列ができるようになった。

そして２０１２年「第１回 究極のラーメンAWARD関西」のグランプリに選ばれるとますます人気は高まり、平日にも行列ができるようになった。

「急に電話がかかってきて『おめでとうございます。総合グランプリです』って言われました。実感がないというか、『え？ 僕でいいんですか？ いっぱいラーメン屋さんあるじゃないですか？』って感じでした」

２０１５年には、製麺機を導入し、店舗内で製麺する方針になった。そこで店名を改めて

製麺は丈六さん自らが行っている

「麺屋 丈六」とした。

「〝丈六〟は本名です。小さい頃はなかなか、〝じょうろく〟と読まれなくて好きじゃなかったんです。でも社会に出たら〝丈六〟って名前は変わっていてすぐに覚えてもらえるのでよかったですね。強みになりました」

名前を変えた後も、「ラーメンWalkerグランプリ2016・2017大阪エリア第1位、２０１８全国第２位」「食べログ Japan Rahmen Award ２０１６大阪第1位・２０１７・２０１８・２０１９ラーメン百名店WEST」など、華々しい賞に選ばれている。

変名後は、それまでは出場していなかったラーメンイベントにも出場することにした。京都競馬場で開催される「関西ラーメンダービー」

や、読売テレビが開催した「森ちゃんのラーメンフェスタ」などに出場した。

「『関西ラーメンダービー』は最初に出場したときは惨敗でしたよ。おいしければいけると思ったんだけど、そうじゃなかった。おいしそうな見た目のお店に行列ができる。だから翌年からはビジュアルを工夫したり『大阪三冠取ってるラーメン店です』とか宣伝文句をうたったりしましたね」

ただ、ラーメンイベントは過酷だ。３日間で４０００杯のラーメンを作らなければならないこともある。

「当時53歳で、最近もですが出場すると大体最高年齢だったんですよ。各店主は真面目にガチに必死にラーメン作ってる負けず嫌いばっかりですからね。ちょっとしんどくなって、去年から大きいイベントに出場するのをやめてます」

こんな人気店なら、弟子の志願者が後を絶たない気がするが、それがそうでもないという。

「僕は一見厳しいし、ほんとに厳しいですからね。お客さんでも、ちょけてる（ふざけてる）やつには平気で『言葉遣い注意せいや』とか怒ったりします。昭和時代のクソガンコラーメン屋です」

## おカネだけではないと思う、丈六さん

「麺屋 丈六」には食券機は置かれていない。食べ終わり、帰るときに現金を払う昔ながらのシステムだ。30〜40人並ぶラーメン店ならば、食券機にしたほうが絶対に効率はいい。

「食券機にしたら、最初におカネ払っちゃうから嫌なお客さんを帰せないでしょ。『気に入らんかったら、おカネいらんから帰れ!!』って言うためには、食券機は置いちゃダメなんですよね（笑）」と丈六さんは気さくな感じで笑う。

丈六さんは、商売だからもちろんおカネのことは考えているが、それだけではないと思っている。お店が繁盛し始めたとき、隣の家も借りて連結させた。お店は倍の広さになった。

そしてそこを待合席にした。

「家賃倍払って、待合所作るって普通の経営感覚で考えたらアホですけど。いやいやそうじゃないよと」

調理をしながらきちんと自分の目で見られるのは8人が限界だという。テーブル席を入れたら、目も届かなくなるし、スープも足りなくなる。商売人だったら、たとえばスープを薄

店内にはアイドルやお笑い芸人のサインがびっしり並ぶ

くするなどして、量を増やしたりするかもしれない。だが、丈六さんはそれをしたくない。

待合室を作ったおかげで、行列に並ぶお客さんはずいぶん楽になった。夏は暑く、冬は寒い中、数十分並ぶのは大変だ。

「僕らが何を目指さないといけないか？　もちろん福沢諭吉も目指さないといけないけど、やっぱおいしいラーメンを作らないかんのです。お客さんの笑顔を追いかけないといかんのですよ」と、語った。

## 食材は「こだわりがないのが、こだわり」

ただ丈六さんは、一聞すると真逆に聞こえるこだわりを持っている。それは、使用する食材に関してだ。

「こだわりがないのが、こだわりですね」と丈六さんは笑顔で言う。

水は大阪市の水道水そのまんま。しょうゆは業務用スーパーに並んでいる商品。鶏ガラも名古屋コーチンや比内地鶏などの凝った食材ではなく、タマゴを産まなくなったブロイラー。チャーシューの豚肉も、業者さんが安く落としてきた肉。ネギだけは京都の九条ネギを使っているが、これは農家さんと契約していることで安く手に入るからだ。麺の小麦粉も、北海道産など香りがいいと言われているものではなく、オーストラリア産の粉を使用している。

「すごい食材を使ったらすごいものができるかもしれないけど、でもまあいいわって思ってます。その代わりというわけではないですが、値段は７５０円におさえています。麺とスープの量も多いと思います。たぶんお客さんは８００円でも同じくらい来てくれると思うんですが、でもやっぱりラーメンは庶民の食べ物だから７５０円が限度かな、と考えています」

ラーメン屋さんの１日は忙しい。スタッフは９時頃にお店に入り、スープの仕込みをする。丈六さんは10時くらいに入り、翌日分の製麺をする（１日寝かせる）。そしてその日使う麺を切り出す。オープン前にお客さんは並び、じっと自分の番が回ってくるのを待っている。営業時間である、11時30分から15時まで、18時から21時までは、目まぐるしくラーメンを作り提供し続ける。

丈六さんは毎日ラーメンを作っていても、まだラーメンは大好きだという。

「年に250～300杯くらいは食べますね。去年は弟子と『新潟のラーメン食べに行こうか』って自動車で高速道路で8時間かけて新潟まで行って、自動車の中でちょっと寝た後、初日に8杯食べましたね。それで翌日は3杯食べて、最後に福井に寄ってソースカツ丼食べて帰ってきました。昔はもっと食べられたんですけどね。50歳超えて食べられなくなりました（笑）」

丈六さんはラーメンの勉強をするつもりで、ラーメンの食べ歩きをしているわけではない。ただただラーメンが好き、ラーメンオタクだからラーメンを食べ歩いている。ただそれでもラーメンを食べ歩くことは、勉強になるという。

「『この店はこんなふうにしてるんだ、おもろいな。パクったろ』って思ったら、お店で限定ラーメンを作って常連さんに出してみるんですね。毎週来て、違うラーメン食べてる人もいますよ。1年間で40種類くらい違うラーメンを出してますね。今日なんて、ラーメンじゃなくて特製たまごとじうどんを出しましたよ。レシピを作るのは、あんまり試行錯誤しないで『これでいけそうだ!!』って思ったら、パッと作るんです。そうするとうまくいきますね。

そういうのが得意なんだと思いますね」

## 「また食べに来たい」と思わせる、根っこの優しさ

絶好調の「麺屋 丈六」だが、丈六さんは55～56歳くらいで和歌山に帰ろうかなと思っているという。2020年現在55歳だから、もう間もなくだ。

実際、2020年4月に南海本線の和歌山市駅の新駅ビルに2号店が入って営業中だ。しばらくは大阪と和歌山を行き来して、軌道に乗せていこうと思っている。

「最終目標は和歌山市駅店もうまいことといって、60歳くらいになったら実家の近くに小さいお店を作って細々やる、というのが夢ですね。体がしんどかったら昼だけでもいいし、夜は飲みに行って、もう年だからちょっと飲んだだけでヘロヘロになって帰ってくる。で、二日酔いだったら、翌日の営業はやめておこうかな、みたいな。そんな感じでやれたら最高ですね」

「麺屋 丈六」のいちばんの魅力はもちろんラーメンがおいしいことだ。ただ、店長の人間的な魅力も一役買っている。頼りがいのある兄貴という感じだ。店内の至るところに、アイ

ドルやお笑い芸人のサインが飾ってある。もちろん人気店なら取材もたくさん来るから、芸能人が来訪するのは珍しくない。

ただ、丈六さんはラーメンが好きで食べに来てくれたアイドルのライブを実際見に行ったり、ジャニーズや吉本興業の若手のタレントさんを応援していたりもするという。お金がないときに来店した若い芸人さんが、賞レースで優勝して有名になった後にも遊びに来てくれることがあるという。丈六さんの根っこに優しさがあるから、お客さんたちは「また、食べに来たい」と思うのだと思う。僕も今度大阪に行ったときには、またぜひ食べに行きたいと思った。

# File.7

認知症の世界を漫画で描く
現役ヘルパーの女

# 吉田美紀子

（ヘルパー／漫画家）

「認知症の人たちって
『やりとりしたこと』自体は忘れるんですけど、
そのときの『感情』は
忘れていないんです。」

## 発達が遅く自分の世界にトリップする子だった

認知症の人たちの日常生活を描いた『消えていく家族の顔～現役ヘルパーが描く認知症患者の生活～』（竹書房）という漫画を読んだ。同じテーマの作品は過去にもあったが、この漫画が珍しいのは〝介護される認知症当事者〟が主人公だということだ。主人公たちは、家族の顔がわからなくなり自分を叱責する実の娘に怯《おび》えたり、買い物途中に脳の中から地図が消えて徘徊してしまったりと、トラブルを繰り返す。

今までの作品では「介護をする人はいかに大変か」が描かれることが多かったが、この作品では「認知症当事者には世界がどのように見え、感じているのか」が中心に描かれている。もちろん認知症当事者に漫画制作は難しいから、作者は想像で描いている。ただ、描写は非常にリアルだ。自宅で想像しただけではとても出せない説得力がある。

実は作者の吉田美紀子さんは、漫画家でありながら、現役のヘルパーとして働いている。仕事として日常的に認知症患者と触れ合うことで知り得た情報に基づいてこの漫画は描かれているのだ。

吉田さんはこれまでに介護ヘルパーをテーマにしたドキュメント漫画の単行本を2冊出版されている。リアルな介護の現場を描きつつも、優しいユーモラスな雰囲気が全体に漂っていて、読んでいて暗い気持ちにはならない。

吉田さんは、5年前に介護のドキュメント漫画を描くまでは、4コマ漫画雑誌などにフィクション漫画を描いていたという。なぜ、吉田さんはヘルパーと漫画家という二足のわらじを履くようになったのか？　そこに至るまでの道のりを聞いた。

吉田さんは山形県で3人姉弟の末っ子として生まれた。実家は農業を営んでおり、小さい頃は祖父祖母に預けられていることが多かったという。

「ぼんやりした子どもでしたね。発達が遅い子だったので、周りに全然ついていけなかったんですよ。授業にもついていけなくて、先生の話を聞いているとどんどん自分の世界にトリップしてしまう子どもでした」

小さい頃から漫画が好きだった。姉の影響で『少女コミック』（小学館）や『りぼん』（集英社）の漫画をよく読んだ。

「姉は『ベルサイユのばら』の登場人物のようなキラキラした女性を描くのが得意だったので、ねだってよく描いてもらいました。姉が描いてくれないときは、おばあちゃんにねだって描いてもらいました。ねだりすぎたせいかみんななかなか描いてくれなくなって、それで仕方なく自分で描き始めました」

高学年になると、あからさまに学力が劣ってきて「将来はダメかもしれない」と思うこともあった。ただ、両親や先生からは特に勉強をしろと叱責されることもなかったので、むしろひたすら漫画ばかり描いていた。

「漫画を描く、と言ってもオリジナルのストーリーは描きません。ひたすら模写を描いていました。小学校の頃は竹宮惠《けい》子《こ》さんや萩《はぎ》尾《お》望都《もと》さん、中学校に入ってからは少年漫画の模写をしていました」

漫画の模写は高校まで続けていた。漫画家になりたいという思いはあったものの、卒業後は山形県内の製造業の会社に入社した。

「製造現場で機械を動かしたり、事務をしたりしていました。2年くらいは流されるままに働いていたんですが、仕事に飽きてしまいました。このままじゃダメだ、なんかやらなきゃ!! と思って、再び漫画を描き始めました」

吉田さんは20歳にして初めてオリジナルのストーリー漫画作品を描いた。はじめは知り合いと一緒に同人誌活動をしていたが、友人が漫画誌に応募すると言ったので吉田さんも「私も応募してみようかな?」と思い『別冊少女フレンド』の新人賞に応募した。残念ながら、連載につながるような大きな賞は取れなかった。

「それならば出版社に直接持ち込もうと思って『ボニータ』(秋田書店)に行きました。編集さんの反応はよくて、トントン拍子でデビューすることになりました」

吉田さんはそのとき、まだ20代前半だった。その当時描いている漫画は、オーソドックスな少女向けの漫画だった。

## 会社を辞めて漫画家専業に、離婚も経験

しばらくは山形の会社の仕事と兼業していたのだが、漫画の仕事が忙しくなり、睡眠時間

が取れなくなってきたことから漫画家専業でいくことに決めた。この頃、結婚したのだがうまくいかず、すぐに離婚してしまった。離婚後は心機一転して、埼玉県に引っ越すことにした。

「まだ電子メールで原稿を送ったりできない時代です。山形だと原稿を郵送するのに時間がかかりました。関東なら宅配便を使って１日で原稿が届けられるからいいだろうと思いました。東京ではなく埼玉にしたのは、親族が埼玉に住んでいたのと、東京に比べて家賃が安かったからですね」

　漫画家として本腰を入れようと思ったのだが、その頃バブル経済が崩壊し雑誌の廃刊が相次いだ。今まで仕事をしてきた雑誌でも、思うように仕事がもらえなくなった。

「慌てて、他雑誌に持ち込みました。４コマ漫画雑誌に運よく拾ってもらえました」

　当時、４コマ漫画誌に勢いがあった。たくさんの雑誌が刊行されており、吉田さんも８つほど同時に連載することになった。ピーク時には月産70枚以上と、かなりの量の作品を制作していた。

「アシスタントも雇っていましたけど、それでも時間が足りませんでした。買い物に行く時間すらなくて、山形に電話して実家から食料を宅配便で送ってもらっていました」

しばらくは調子がいい時期が続いたが、４コマ雑誌の人気も落ち着き、徐々に雑誌の数も減っていった。そして勢いのある新人の漫画家も登場してきた。

「70ページくらい仕事をしていたのが、40ページくらいに減りました。生活ができなくなったわけではないですが不安になりました。知り合いの漫画家もみんな『40歳過ぎると仕事は減る一方だよ』と言っていました。若手の漫画家に比べて、時流に乗れていないという自覚もあり、漫画が嫌いになったわけじゃないんですけど、雑誌内に居場所のなさを感じていました。『ここらで漫画家はやめて、将来を見据えた仕事を探したほうがいいかもしれない』と真剣に考えるようになりました」

60〜65歳まで働くことを想定すると、やはり技術職のほうがいいだろうと思った。

## 漫画家を続けながら介護職の資格を取得

漫画家として活動しながら、介護職員初任者研修の資格を取得することにした。介護職員初任者研修はかつて「ホームヘルパー２級」と呼ばれていた、介護の入門的な資格だ。介護者に必要な知識や技術などを学び、介護業務を行えるようにするのが目的だ。

「１３０時間の講義を受けなければいけませんでした。週１で通い、約３カ月で取得しました」

20人くらいの人たちと一緒に講義を受けた。老若男女入り交じっていたが、和気あいあいとしてとても居心地のいい時間だった。

「講義を受けながら、介護を目指している人って、優しい人が多いなと感じました。周りに話を聞くと『最初は訪問介護がやりやすいよ』と勧められました。訪問介護では基本的に同じ人のお宅へ通って、介護をします」

もし落ちたら、落ちたでいいや、というくらいの気持ちで訪問介護の会社の面接を受けた。しかし介護業界はつねに人手不足なのもあって、面接当日に「いつから来られますか？」とすぐに仕事を振られた。

「親切な会社で、普通は1回同行するだけのところを3回も同行してもらいました。ベテランのヘルパーさんが付き添ってくれることもありました。ただそれでもおむつ交換と、半身不随の人をベッドからトイレに移動させる、というのが難しくてなかなか思うようにできませんでした」

吉田さんは大柄ではないので、被介護者の体重が60キロを超えていると、なかなか身体を支えきれなかった。

「1年間働いたんですけど、それでもどうしてもうまくできなくて、心が折れてしまいました。『自信がないので辞めさせてください』と告げて、訪問介護は辞めました」

当時は、訪問介護と同時に、障害者支援の仕事も始めていた。障害のあるお子さんを、学校から家まで送り届けたり、親が面倒を見られない時間外で預かったりする、というのがメインの仕事だった。

「こちらは訪問介護と違い、子どもが相手ですから体力的にできないということはありませんでした。ただそれはそれなりに大変なことがありました」

子どもを預かる場合、親が目的地を決めておいてくれる場合もあるが、単に「朝9時から夕方6時まで、この子をどっか連れていっておいてください」とだけ言われることもあった。9時間、障害のある子どもと外で過ごすのは大変だ。

「どこに行ったらいいかわからないから、大変でした。プールが好きな子は泳いで時間を潰せるんですが、それでもせいぜい3時間くらいです。お金のかからない図書館に行って時間を潰したり、延々一緒に電車に乗ったり……。その間、片時も目は離せません。私がトイレに行きたいときは、障害者トイレの中に子どもを入れて目の前で用を足さないといけません」

そんな介護の仕事はかなりの重労働だった。その頃はまだ1〜2本は4コマ雑誌で漫画を連載していたが、新しく振られる仕事は断っていた。意図的に仕事を減らしていて、このまま漫画業界からフェイドアウトしようと思っていた。日々介護の仕事を頑張っていたのだが、障害者支援の仕事が人員の問題でなくなり、急に時間に余裕ができてしまった。

## 介護の漫画をエッセイ風に描いてみた

「そのとき、ちょっと介護の漫画をエッセイ風に描いてみようかな？　と思ったんです。そのときは商業誌で描くつもりはありませんでした。友達に『商業誌に描かないんだったら、同人誌で出さない？』と誘われました。10部だけコピー本を作りコミケの友達のブースに置いてもらうことにしました」

　コピー本は、10部のうち7部が売れた。

「7部売れたのがすごくうれしかったんですね。共感を得られたような気がしました。それで、残った3部を編集者に送ってみたんです。『仕事が欲しい』というのではなく、『私は今、こんなことをやっている』というのを旧知の仲の編集さんたちに知らせたかったんです」

　編集者からはすぐに「介護の漫画を描きませんか？」と打診が来た。一時は漫画をやめようと思っていたが、介護の漫画なら描きたいと思った。編集者からは、描き下ろしでコミックを発売したいと言われたので、介護の仕事をしながらコツコツと原稿を書き溜めた。訪問介護を辞めた後は、特別養護老人ホームで働き始めたため、そこでの経験も大いに盛り込まれた。

「特別養護老人ホームはとにかく仕事量が多いです。おむつ交換、食事介助、着替え介助、入浴介助、と一通りのことができなければなりません。介護のスキルが欲しいと思っている人は、特別養護老人ホームで働くのが近道じゃないかな？　と思います」

そして２０１５年、『40代女性マンガ家が訪問介護ヘルパーになったら』（双葉社）を発売した。

「介護の仕事を始めて2年のところだったので、それまでの経験を漫画にしました。単行本が発売されると、介護の仕事をしている人からＳＮＳやメールでたくさんの意見をもらえました。自分の描いた漫画が響いているんだなと実感できてうれしかったですね」

実は、吉田さんはそれまでにノンフィクションのエッセイ漫画を描いたことはなかった。架空のキャラクターを動かすのと、自分をモデルにしたキャラクターを動かすのでは勝手が違ったのではないだろうか？

「エッセイ漫画は初めてでしたが、自分の身に起きたことを消化して描くので、とてもやりやすかったですね。自分の経験って人に話したくなるじゃないですか？　でも実際、知人に話すと反応が薄いんですよ。介護って人によっては実感がないですから。でも漫画だと、さまざまな人から意見をもらえます。介護をしている人の悩みはある程度共通していて、私が漫画で描くことで皆さんが共感してくれるのがわかってとてもうれしかったです」

その後、雑誌に介護の漫画を不定期連載して、2冊めの介護本『中年マンガ家ですが介護ヘルパー続けてます』（双葉社）が２０１８年に発売された。

「介護に関する漫画を描いて久しぶりに『漫画を描くのって楽しい』と思いました。専門誌やウェブなど今まで描いていなかった媒体からの仕事も増えてきました。今はもう少し漫画を描く時間を作れないかな？　と感じています。せっかくですから、介護の漫画のニーズがある限りは漫画家として活動したいな、と思っています」

そして、冒頭で紹介した新刊『消えていく家族の顔』が２０２０年5月に発売された。

吉田さんは、介護される認知症患者の目線の漫画をどうして描こうと思ったのだろうか？

## 「介助される側はいつも置いてけぼり」

「認知症の方って言っていることが支離滅裂だったり、極端に口数が少なかったりして言葉のコミュニケーションはあまり取れません。でも家族の方が面会に来たときは普段とは違う〝お父さんの顔〟になっていたりするのがわかります。職員一人ひとりに対する気持ちも、長く介護をさせてもらっていると伝わってきます。言葉は通じないけど、感情は伝わるんです。そういう部分って、認知症を扱ったメディアではまず紹介されません。介助する側の苦労話しかしないんですね。介助される側はいつも置いてけぼりだなと感じていました」

２０１９年の１月、吉田さんは「認知症の人たちは、こういうふうに感じているんじゃないかな？」という思いを漫画にして、ツイッターでアップしてみた。

「散歩をしていたら急に道がわからなくなり、家に帰れなくなる」

「夜中に見知らぬ部屋で目覚め、出ていこうとしたら知らない人（本当は娘や家族）に怒鳴られ恐怖を感じる」

この2つの漫画を載せたツイートは、実に2万7000リツイートされ、5万3000件のいいねがついた。大変な反響だった。認知症の家族を抱える人たちなど、さまざまな人たちの声を聞き吉田さんの胸は熱くなった。

「認知症の人にはそれなりの理屈がありますから、それがわかれば接するのはそれほど難しくない場合が多いです。まず、認知症の人って、同じことを何度も聞きます」

## 「何回も言ってるよね!!」と言ってはいけない

「テレビリモコンどこだっけ?」と聞かれて、「棚の上だよ」と教えてあげても、数分後には「テレビのリモコンどこだっけ?」と同じ調子で聞いてくる。

そのうち、聞かれる側にストレスがたまって「何回も言ってるよね!!」とつい声を荒らげてしまう。認知症の家族を介護している人には心当たりがあるかもしれない。

「本人は質問をしたこと自体をさっぱりと忘れています。だから、こちらも何度でも『棚の上だよ』と同じ調子で答えてあげるのがいいんです。あんまり同じことを言うようでしたら、『庭の花きれいだよね』『今日は何を食べたい?』など気をそらしてあげるのがいいと思いま

す。傷つけないように、否定しないように、気を使って接するのが何よりです。私たち他人よりもむしろ、家族のほうがあけすけに文句を言ってしまい、こじれる場合が多いです。認知症の人たちって『やりとりしたこと』自体は忘れるんですけど、そのときの『感情』は忘れていないんです。怒鳴られて嫌な気持ちになったという『感情』だけは残ります。それでやりとりは覚えていなくても『この人の顔を見ると嫌な気持ちになる』という状態になってしまう場合があります。親子がそういう状態になってしまったら、とても残念ですよね」

　吉田さんが優しい口調で言う「やりとりは忘れても、そのときの感情は忘れない」という言葉に、胸を打たれた。それは家族以上に、認知症の人たちの介護をしてきた、吉田さんだからこそ気づくことができた事実だろう。

「感情は忘れない」というのは、介護するうえでの煩《わずら》わしさになるかもしれないが、でもそれ以上に家族にとっての希望になりうるのではないか？　とも思った。

# File.8

麻雀界最強に上り詰めた高専出身の男

# 金太賢

（プロ雀士）

「これだけ面白いゲームが
なくなることはまずないだろう、
と思ったので人生をかけました。」

## 「雀王」「麻雀最強位」を獲得したプロ雀士

金《キム》太《テ》賢《ヒョン》さん（37歳）は、日本プロ麻雀協会に所属するプロ雀士だ。２０１７年に団体最高タイトル「雀王」を獲得、その年の『近代麻雀』（竹書房）が主催する麻雀のタイトル戦「麻雀最強戦」にて「麻雀最強位」も獲得した。

プロ麻雀の世界は非常に厳しい。プロの資格を持っているだけでは、稼ぐことはできない。テレビなどのメディアに出演する、書籍を書く、大会に出場し賞金を稼ぐ、などそれぞれ稼がなければならない。セルフ・プロデュースがとても大事だ。

金さんは２０２０年８月に『麻雀「超コスパ」上達法』（彩図社）という、初心者向けの麻雀入門書を発売された。本を出版できるのは、人気プロ雀士の証《あか》しだ。金さんはなぜ、プロ雀士になったのか、そして現在どのように稼いでいるのかを聞いた。

金さんは兵庫県神戸市で生まれ育った。

「名前から誤解されることもありますが、生まれも育ちも日本です。現在も在日韓国人で帰

プロ雀士として活躍する金太賢さん

化はしていませんが、私はそこにあまりこだわりはありません。小さい頃は名前のせいでイジメられることがありましたけど、成長してからは特に問題はありませんでした」

　小さい頃から成績はよかった。特に算数、数学は好きだった。

「麻雀は数学までは必要ありません。算数レベル、パズルレベルだと思います。ただ物事を〝理屈で考えられる人〟のほうがより強くなれると思います」

　ただし子ども時代は麻雀には出会わなかった。

　中学校ではバスケットボール部に入りキャプテンになった。中学校3年生では、バスケ部のメンバーでバンドを作り、ドラムを担当した。これに大いにはまった。高校に進学しても、バ

ンドは続けたいな、と思った。明るい青春を過ごした。

「その頃はまだ将来の夢とか、まったくなかったですね。みんな高校くらいは行くし、俺も行っとくか、くらいの感じでした」

成績的には進学校にも行けたのだが、より楽しそうな学校はないか探した。私服でOK、土日が休み、という点が気に入り、神戸市立工業高等専門学校の電子工学科に進学した。

勉強は親に文句を言われない程度に、こなしておいた。軽音楽部とバスケ部の2つに入り、どちらも楽しんでいた。そんな折、クラスの友人たちが教室でカード麻雀をしているのを見かけた。なんでも経験だと思って挑戦してみると、これが面白かった。のめりこみそうになったが、高校2年まではまだ軽音楽部の活動がメインで、麻雀はたまにやる程度だった。

「それから高校3年生から5年生（高専は5年制）までは麻雀にずっぽりとハマりましたね。いったんハマると、長いたちなんです」

クラスメイトには10人近く麻雀をやる仲間がいた。泊まっても怒られない友人宅で、みんなで徹夜で麻雀をした。授業が終わった後の教室で麻雀を打っていたら、さすがに先生に怒られたので、学校近くの公園に移動し東屋《あずまや》で打った。1人でいるときも、ゲームボーイの麻雀ゲームでポチポチと遊んでいた。

金さんは、その頃から麻雀は強かったのだろうか？

「今思えば強かった気もするのですが、そんなに覚えてないんですよね。当時は、自分がいちばん強い!!　みたいなのは二の次でした。友達と一緒にいられる時間が大事でした」

## 高専卒業後は電機メーカーに就職するも……

高専を卒業すると、大学には編入せず電機メーカーに就職することにした。家電製品のプログラムをするのが仕事だった。具体的にはリモコンのプログラムを制作した。当たり前に、「定年までここで働くんだろうな」と思っていた。

入社した春から夏までは、仕事を頑張った。だが仕事が慣れてくると段々、麻雀が打ちたくなってきた。週末、遊びで打つことはあったが、それだけでは物足りなくなった。

「入社したときは『この部署にいたら、お金が貯まるよ』って言われてたんです。ただ、働いてみるとお金が貯まるというか、単に使うヒマがないだけなんですね。ただ、ブラック企業というほど忙しいわけではないんですが、なんだか毎日が楽しくなかったです」

同僚を見ても、やっぱり楽しそうではない。平日は仕事をして、土日はめいっぱいエンジョイする、と切り替える人もいたが、金さんはそういうタイプではなかった。どうにも息苦しく、「僕にはサラリーマンは向いていないんだ」と思った。

そして何より、麻雀で生きていきたいという気持ちが湧いてきていた。高校時代からずっと好きだった麻雀で、食べて行けないか？　と考えた。

「どうせサラリーマンを辞めるなら、好きなことをして生きていきたいと思いました。ただこの段階では夢は『プロ雀士で稼ぐ』ではなく『麻雀で食べていきたい』とやや控えめな希望でした」

会社を辞めた22歳の年は、神戸市内でフリーターとして生活していた。日雇い労働をしたり、工場やイベントの設営などをしてなんとか生計を立てていた。アルバイトをしながらも、プロの対局を見たり、麻雀の本を読みあさったりと、麻雀の勉強は欠かさなかった。

麻雀のプロ試験は、年に2回行われていた。金さんの腕を知った、日本プロ麻雀協会からは誘われていたが、まだ踏ん切りがつかず７月の試験はパスした。そして半年後の１月に試験を受けて無事合格した。

「プロ試験は、履歴書を送り、面接を受け、実際に麻雀を打って作法や打ち方を審査されます。就職試験と似ていますよ。麻雀が好きでちゃんと勉強していたら、プロ資格を取るのはそれほど難しくはないと思います。ただ、プロ資格を取ってもそれで食わせてもらえるわけではないです。年会費やエントリーフィーを払わなければならない分、より大変になります」

## 麻雀プロの厳しい生活

麻雀プロになっても、生計はそれぞれが立てていかなければならない。そこが麻雀プロのいちばん厳しいところだ。

「現在２０００人のプロ資格者がいますが、メディアへの出演料や、本の出版などで稼げる人はほんの一握りです。ほとんどの人は二足のわらじを履いていますね。半分くらいの人は、普通にサラリーマンをしながらプロを続けていると思います」

金さんも、二足のわらじを履きながらプロ活動をしてきた。現在も大手の健康麻雀店（賭け事NGの雀荘）で働いている。

プロとして活躍するには、とにかくリーグ戦を勝ち上がっていかなければならない。金さんは、記録的なスピードで昇級し、26歳のときには、20代ではまず入ることができない最上位のリーグ戦に入ることができた。その最上位のリーグ戦で1年間戦い抜き、上位3位に入ると、前年度のチャンピオンを含めた4人でその年のチャンピオン「雀王」を決める。4人で丸4日打つ熾烈な戦いだ。金さんは、20代で3度も雀王戦に出場した。

「20代のときには1度も勝てなかったですね。運ではなく、あと一歩実力が足りていなかったと思います」

ちょうど働いていた麻雀店でも出世して、そちらの仕事もかなり忙しくなっていた。

そもそもの夢が「麻雀で食べていきたい」だから、麻雀店で働くのは苦痛にならなかった。

ただ、プロ対局のことだけを考えると、もっと勉強をしなければならないな、と思う。そこにジレンマが発生する。

「同じリーグに出ているほかの選手の試合は絶対に見なければいけません。ライバルの研究だけで、結構な時間を使います。仲間同士で研究会も開きます。4人の仲間で打って、打ち方が正しかったかどうか吟味《ぎんみ》します。そうやって勉強すればするほど、強くなっていくのがわかります。ただ、勉強自体はおカネが発生するわけではありません。生活するには仕事をしなければいけませんから、勉強と仕事のバランスが難しいんですね」

20代半ば頃に、CSで放映されている麻雀番組に出演する機会があった。金さんが昔から視聴していた番組だった。プロになって4～5年で夢の舞台に出られたのは純粋にうれしかった。

「でも全然ダメでした。ガッチガチに緊張してしまって、悲惨な結果になりました」

せっかく出演できたのに、自分を出せずに終わるなんて!!　とひどく後悔した。こんなことが二度とあってはいけないと思い、カメラの前に出る仕事はなんでも受けることに決めた。それからはノーギャラのインターネット配信の番組にも出演するようにした。

「番組にどんどん出演していると、すぐにカメラ慣れしました。今では『みんな見てくれ!!』って感じです（笑）。カメラの前で打つのが、いちばん楽しいですね。テレビ中継に出ている若い雀士を見ると手が震えていたりします。そんな彼らを見ると、『最初はそうだよな。頑張れ』って応援します。今はコメントの文化ですから、視聴者からひどい悪口が書き込まれることもあります。私は幸いメンタルが強かったのでそこまで傷つかなかったですが、陰で泣いている人もいます。かわいそうだと思いますが、そういう悪罵《あくば》に耐えるのもプロの仕事なんだと思います」

大会に出て優勝すれば賞金を手にすることができるが、最高金額も３００万円くらいであり、賞金だけで食べていける額ではない。

「賞金だけで年間６００万円稼いだ年がありましたが、それっきりですね。賞金だけで、生計を立てるのは難しいと思います。プロ麻雀士は２０００人いて、その全員で賞金を取りにいくのだから、なかなか手に入れるのは難しいです」

20代では取れなかった雀王の称号だが、２０１７年にやっと取ることができた。ただし、30代はじめでの獲得は決して遅くはない。

「とにかくめちゃくちゃうれしかったですよ。ようやく取れたって。自分の中ではタイトルを取るまでに、思っていたより時間がかかってしまったなという感じでした」

雀王を取ってからは、仕事が変わってきた。他団体との交流戦などに出場することができるようになる。その１つが、「麻雀最強戦」だった。そして「麻雀最強位」も獲得した。

金さんの快進撃が進む中、麻雀界そのものが徐々に華々しくなってきた。まずアベマＴＶが始まり、麻雀の番組が放送されてプロが注目されるようになってきた。人によっては、アイドルのように女性ファンがついた。

「昔は、麻雀プロのファンって、自身も麻雀が強い人が多かったんですが、今はそんなことはなくなりました。麻雀のことはあんまりわからないけど、番組は見てるって人が増えました」

## 「Mリーグ」発足という激震

そして麻雀界でいちばんの激震となったのが、2018年の「Mリーグ」の発足だった。団体の垣根を越えて優勝を争うスポーツ大会だ。優勝賞金は5000万円と、今までの賞金とは桁が違った。そして選手には年収400万円が保証された。ただし、その代わり賭博行為は固く禁じられている。

まだ始まって間もない「Mリーグ」だが、金さんは「このままいけば麻雀界のど真ん中になるのではないか?」と思っている。

「『Mリーグ』に出場するには、腕前だけではなくタレント性も非常に大事です。私がいつか出場できるのかはわかりませんが、『Mリーグ』のスタンスはぜひ応援したいと思っています。麻雀プロやMリーガーに憧れる子どもたちもどんどん出てきてほしいですね。現在は麻雀店は風営法の管理下なので、18歳未満は入場できません。ただ、今後法改正があって子どもでも入れる健康な麻雀店が作れたらいいなと思います。学校に将棋部や囲碁部があるように、麻雀部があってもいいと思うんです」

「Mリーグ」の影響で健康麻雀店も増え、業界全体で盛り上がってきていた。昔は、「麻雀をするなら、お金を賭けなければつまらない」と言っていた人たちも、「お金を賭けなくても、十分面白いね」と健康麻雀店を訪れることが増えたという。認知症の防止になるという研究結果も出されており、昔麻雀をしていた老人が再び健康麻雀を始めるケースも多い。

「40年の麻雀店の歴史を見ると、店舗数は5分の1以下になっています。1980年代には3万軒あった店舗が、現在では実質5000軒と言われています。現在も減少し続けている、かなり厳しい状況ですね」

繁華街を歩いていて、麻雀店を見かけることは確かに減った。これはやはり、娯楽の多様化が大きいだろう。この40年でコンピューターゲームをはじめとして、さまざまな娯楽が普及した。大学生の娯楽と言えば麻雀という時代は、はるか昔だ。

## コロナの大ダメージを超えて

「Ｍリーグ」やアベマＴＶの麻雀番組のおかげで、わずかながら回復してきた麻雀店だったが、ここで思いもよらぬ障害が発生した。新型コロナウイルスである。

「大ダメージでした。麻雀店って、３密的にはものすごく印象が悪いですから。集客はグッと減りました。仲良くしていた人の店も潰れています。話を聞くと胸が痛いですね」

今後どのような展開になっていくかはまだわからないが、新たにテコ入れや努力が必要になってくるのは間違いないだろう。ただ、金さんはそれでも、麻雀文化はなくならないのではないか？　と気楽に考えている部分もある。

「麻雀は本当に面白いゲームです。運と技術のバランスがとてもいい。４人で会話しながらやりますから、コミュニケーションツールとしても抜群に優れています。これだけ面白いゲームがなくなることはまずないだろう、と思ったので人生をかけました」

今後、麻雀を取り巻く文化がどのように変化していくかは完全には読めない。今はＭリーグが人気だが、これがずっとメインストリームになるかはわからない。また少額の賭けが合法化されて麻雀店が盛り上がる、という可能性もある。ＴＯＴＯくじのように、麻雀リーガーに投票する公営ギャンブルが登場するかもしれないという噂もある。

「これからもいろいろな変化があると思います。ただ時代がどのように変化していったとしても、私自身が、麻雀界の中心で生きていけるよう頑張りたいと思っています」と金さんは話を締めた。

状況は明るい話ばかりではなかったが、「麻雀で生きていく」と決めた男はとても潔く、堂々としていた。

# File.9

## 樹海の民宿若旦那として
## YouTuberになった男

# マサヲ

（民宿経営／YouTuber）

「僕は、民宿（オフライン）と
YouTube（オンライン）の
どちらもがんばって未来に備えて
いきたいと思います。」

## 富士の樹海の中に村があり、宿もある

富士山北部に広がる原生林、青木ヶ原樹海。皆さんは樹海の中に村があると聞いたら、どのような場所を想像するだろうか？

樹海は、一歩足を踏み入れると二度と出てこられなくなってしまう呪いの森……そんな恐ろしい印象を持っている人も少なくないだろう。清水崇《たかし》監督の『樹海村』のようなおどろおどろしい村を想起してしまったかもしれない。

実は本当に樹海の中に村はある。ただし実際にはまったく怖い場所ではない。航空写真を見ると、精進湖《しょうじこ》の南のあたりの１３９号線の道沿いにキチッとした長方形に整備された村を見つけることができる。

もちろん１３９号線から自動車で入ることができる。村内はアスファルト舗装の道路が通っており、70軒近い家が建っている。初めて来たときは、あまりに整然としていて、逆に驚いてしまった。住所は、山梨県南都留《みなみつる》郡富士河口湖町精進5丁目になる。古い住所だと、オウム真理教事件で注目された上九一色《かみくいっしき》村にあたる。

民宿丸慶の外観

現在では一般的には、「民宿村」と呼ばれている。理由はもちろん民宿が林立しているからだ。営業している民宿は、だいぶ減ってしまったというが、それでも現在10軒の民宿が営業を続けている。

　実は筆者は何年も樹海を取材しているのだが、その際に民宿村の一軒「民宿丸慶《まるけい》」に宿泊した。「連泊で樹海を取材するなら、樹海の中にある民宿に泊まるのが効率がいいだろう」と単純に考えただけだったのだが、その宿はとても居心地がよく、ご飯も非常においしく、また来ようと心に決めた。そして2020年の9月の頭に再訪した。新型コロナが災いして客数は少なかったが、相変わらず居心地がよく、ご飯がおいしい

民宿丸慶を営むマサヲさん

民宿だった。

ただ変わったことと言えば、愛想のいい大人しい雰囲気の若旦那がYouTuberになっていたことだった。正直、驚いた。その後10月末にみたび訪れ、若旦那のマサヲさんがどのような道を歩んで「民宿丸慶」の跡を継いだのか、そしてなぜYouTuberになったのかを伺った。

その前に、まずはマサヲさんに不思議な場所「民宿村」の成り立ちから教えてもらった。

「民宿村は、富士五湖の精進湖のエリアにあります。昭和41（１９６６）年に西湖《さいこ》で村がそっくり沈んでしまうような大災害が

民宿丸慶の屋上から見える富士山

ありました。精進湖の居村は災害のあった西湖の村と非常に似た環境でした」

　精進湖の居村もいつ西湖の村と同じような大災害が起きてもおかしくなかった。そのため、居村ごと引っ越すことになったという。ただ引っ越さない人もいたし、現在も居村に住んでいらっしゃる人はいる。それでも、多くの人が現在の民宿村の場所に引っ越してきた。

「樹海の中を歩いていると、炭を作るための石が積まれた窯《かま》の跡を見つけることがあります。ここは、そういう跡地がたくさんある、樹海の中でも仕事で使用されていたエリアだったようです」

　人命にかかわる引っ越しだったので、異

例の速さで宅地化された。樹海を切り開き、道路を引き、住宅を建てた。ただ居村の住人が引っ越したときには、まだ民宿村ではなかったという。

「僕の家は居村に住んでいた頃は、日用品や駄菓子を売る店をやっていたそうです。それで引っ越してからもしばらくは日用品を売って生計を立てていました。交通の便が悪い場所なので、みんなで助け合って生活していたと思います」

## 民宿ブームに乗って村の家々が次々と民宿に

１９７０年代に日本各地で民宿ブームが起こり、それに乗じる形で村の家々は次々に民宿としてオープンしていった。

「当時の民宿は今よりもっと堅苦しくない、現在の民泊みたいな雰囲気のお宿だったようです。他人の家にちょいと泊まりに行くような感じですね」

マサヲさんが生まれたときには、すでに自宅は民宿だった。現在の「民宿丸慶」の３分の２くらいの大きさだった。当時は事前に予約する人はほとんどおらず、当日いきなり来て宿泊する人が大半だったそうだ。マサヲさんは、幼い頃から毎日他人が家に泊まりに来ていたので、人が家に来ることにまったく抵抗がなかったという。

小学3年生までは居村にあった小学校へバスで通っていた。その後、民宿村に隣接する形で小学校が建てられたためそこに通った。全員で40人くらいの人数の少ない学校だった。ちなみにその小学校は現在、閉校して公園になっている。

「テレビはありましたから、社会の動きについていけないとかはなかったですね。小さいコミュニティですから、みんな顔を知ってて、性格も知ってる感じでした。不便だとはあまり思わなかったです」

民宿村の風景

閉校した小学校。今は公園になっている

「恐怖の森」などと呼ばれることもある樹海だが、幼いマサヲさんにとってはどのような森だったのだろうか?

「当時作文でも書いたのでよく覚えているんですが、すごい大好きな森でした。木漏れ日がきれいで、樹海の中に秘密基地を作ったりして毎日遊んでました。でも小学校低学年のある日、樹

青木ヶ原樹海にある看板

海が『自殺の森』と呼ばれていることを知って驚きました」

　きっかけは民宿丸慶に自殺志願者が泊まりに来たことだった。その人は真冬にもかかわらず、半袖シャツを着てベンチに座っていたという。彼はしばらくして警察に連行されていったが、マサヲ少年は怖くて夜も眠れなかった。

「地元の人たちは樹海で自殺する人を悪く言わないんです。それぞれ深刻な事情があったのでしょうし、死者にムチは打ちません。でも僕は子どもだったのでとにかく悲しかったですね。自分の森で死なないでほしい、と怒りの感情すら湧きました。ただ、怒ってもどうしようもないですし、いつしか彼らを許すという気持ちに変わっていきました。とはいえ、樹海は変に誤解されている場合が多いので、本当の姿を伝えていきたいと常々思ってはいます」

　中学校にはバスで通った。４地区から集まってきたが、それでも1学年につき18人と少ない生徒数だった。マサヲさんは小学校時代、中学校時代とずっと明るい活発な少年だった。

「中学の頃、オウム真理教事件が起こり、突然上九一色村が注目されてしまいました。麻原彰晃が逮捕されるXデイには、万が一に備えて学校は休みになりました」

　オウム真理教事件の間、ＮＨＫの報道陣がずっと民宿丸慶に宿泊していたという。食事は自分たちで確保してくれていたので、宿としては特に何もしなくてよいのに、毎日満室でずいぶん儲かったという。そのときの収入で、新たに増築することもできた。収入的にはうれしかったのだが、ただやはりマサヲさんも大人たちも複雑な気持ちだったという。

## 観光地としての上九一色村が汚されてしまった

「オウム真理教に観光地としての上九一色村が汚されてしまったという、悔しい気持ちがありました。その後、高校の時分に上九一色村は消滅しました。その頃には『上九一色村』と

わずかに残る上九一色村の跡

いう名前に対して『恥ずかしい』『嫌だ』と思う気持ちも芽生えていたので、なくなってくれて少しほっとしました」

上九一色村は分断されてしまい、どこに上九一色村があったのかはすぐにはわからなくなっている。ただ民宿村では、消火器などにいまだに「上九一色村」などと書かれていて、当時の名残を見ることができる。

マサヲさんは、河口湖近くにある高校へ進学する。１学年７クラスで全校生徒数約１０００人という、小中学校に比べれば大規模な学校だった。

「当時は家の跡を継ぐこととかはまったく考えていませんでした。僕は音楽が大好きでずっとバンドをやっていて、学園祭ではコピーバンドで演奏しました。俗に言うリア充な毎日でした」

そして山梨の大学に進学し、初めて民宿村から離れて1人暮らしをすることになった。大学でもバンドをやり続け、地元シーンを盛り上げるのを目標に頑張っていた。学生の間に、インディーズバンドを扱うレーベルの中では有名な会社に所属することもできた。

「両親にお願いして、大学卒業後も3年だけ、バンド活動をさせてもらうことにしました。東京に行き、バンド活動を続けました」

毎日が楽しく、当時の恋人と同棲も始めていたが、無情にも3年は経ちタイムアップになってしまった。本当はまだ東京にいたかったが、親にお願いして許してもらった3年間が過ぎたため、さすがに言うことを聞かなければなるまいと思った。後ろ髪をひかれながら、山梨県に戻ってきた。

「親からは、地元の公務員の仕事を紹介されました。仕事の内容を簡単に言えば、ボイラー技士です。事務所に行くと、今まで経験したことがない雰囲気で驚きました」

その事務所にはすでに3人のスタッフがいたのだが、いちばん歳が近い人でも20歳年上だった。その事務所に大卒で入ったのはマサヲさんが初めてであり、将来の所長候補として入った。それが現所長には気に入らなかったようだった。

## 職場イジメに遭った

「まずその所長が、挨拶も話もしてくれません。無視です。そして仕事もまったく教えてくれません。完全に職場イジメですね。仕事の量は普通の会社に比べればずっと少なかったです。公務員ですから1日8時間労働なのですが、ぎゅっと頑張れば1時間くらいで終わる仕事量でした。後は気の合わない同僚たちとずっと事務所にいなければなりません。それが忙しいことよりもずっと苦痛でした」

だが給料的には悪くはなく、将来的にはポストに就けるという約束もあるため、なかなか辞めるという決断はできなかった。しかし5年働いた30歳の年、あまりにつらくなり辞職することに決めた。

「人生初の挫折体験でした。30歳から転職してもなかなかいい職を見つけることができない気がして、『民宿丸慶』を継ぐことに決めました。両親も賛成してくれました」

ただ、それまでの人生では民宿経営に必要なスキルはいっさい身につけていなかった。そのため、しばらく修業をしてから、改めて跡を継ぐことにした。

「いとこがホテルで板前をしていたので、頼み込んでワンシーズンだけ同じホテルで修業させてもらいました」

それまでは包丁を握ったことはなかったが、そこで料理のいろはを学んだ。そして違うホテルに移り、フロントで働いた。そこでビジネスマナーや旅行会社とのやりとりを学んだ。仕事をしながら学ぶのはもちろん、セミナーに通ったり、ビジネス書を読みあさったり、自分なりにスキルを得ていった。

「とにかく公務員時代に5年間も無駄にしたという気持ちがあったので、取り戻すために一生懸命頑張りました。そして、その頃に現在の妻と出会いました。その出会いが人生の転機になり、未来のことを考えるようになりました」

そして5年間修業をした後、35歳で跡を継ぐことになった。マサヲさんが若旦那になるまで、「民宿丸慶」はマサヲさんの両親が経営していた。常連がしっかりつき、業績も安定していた。

「両親には感謝しかないですね。借金がなかったので、かなり強気に戦略を打つことができました」

冒頭でも述べたが、「民宿丸慶」の食事は本当にボリュームがあり、おいしい。特に野菜

民宿丸慶の朝食（左）と夕食（右）

がとても立派で味も濃くおいしかったのだが、それらの野菜はすべてマサヲさんのお父さんが自家農園で育てたものだ。そして中心になって料理を作っているのは、近所のおばちゃんだという。

「もう70歳のおばちゃんなんですけど、彼女は小学校の頃から料理を作ってるんです。つまり60年近く料理を作っている達人なんです。彼女が作る料理がまずいわけはないんです。僕は、板前さんの凝《こ》った料理よりも、おばちゃんの作る手料理のほうを皆さんに食べてほしいと思います」

青木ヶ原の中からは樹が邪魔になって富士山が見えないのだが、「民宿丸慶」の屋上からは見事な富士山を見ることができる。早朝青空の中に立つ富士山を目にして、なんとも言えない晴れ晴れとした気持ちになった。

## 青木ヶ原樹海に泊まって何が観光できるか

「でも宿はいいとしても、青木ヶ原樹海に泊まって何を観光すればいいの？」と思う人もいるかもしれない。だが富士五湖の周りは全体が観光地だ。富士山などの山に登る人や高原で遊ぶために来る人もいるし、富士サファリパークや富士急ハイランドなどのレジャー施設で遊ぶことが目的の人も多い。今は少し減ったが、釣りやバイクのツーリングが目的のお客さんもいた。

「宿の利用方法や、さまざまな魅力をインターネットなどを使って皆さんに知らせるのが僕の役目だと思っています。あの手この手で集客しています」

マサヲさんはかなりターゲットを絞り込んで広告をしている。具体的には「東京都に住む45歳の女性と、その家族」を目標にした。目論見《もくろみ》どおりそのようなお客さんが多く来泊しており、筆者が宿泊したときにもターゲットどおりのお客さんが泊まっていた。

それと同時に値上げもした。これまでは朝夕の２食つきで５５００円で提供してきた。とてもお値打ちなので、たくさんのお客さんが入ったが、両親は２人とも還暦を越えており労働力に限界があった。

「無理して倒れてしまっては意味がないですからね。２食つきで７９００円にしました。客は多少減ったものの、収益は減らず、家族ゲンカがピタッとなくなりました」

もともとうまくいっていた民宿だったが、マサヲさんが若旦那になることでますますうまくいった。まさに順風満帆だった。しかしそんな折に、新型コロナ禍が訪れてしまった。

「２０２０年３月の連休までは普通でしたが、４～６月はどの宿も99％減でした。『民宿丸慶』は完全に閉じたので、１００％減ですね。完全に宿を閉じることができたのは、借金がなかったおかげです」

宿を閉じると時間だけはたくさんできた。ただ、将来のことを考えるとドンドン不安になっていった。今は借金がないけれど、こんな状況が続けば、いつか借金をせざるをえなくなってしまうかもしれない。

「なんとかお宿以外で収入を得る方法はないか？　と考えました。たとえば畑の野菜を通販で売るとか、そういうことです」

マサヲさんは、以前からずっと樹海をテーマにしたYouTubeを配信していた。これは収入を目的としたものではなく、ただただ本当の樹海を知ってもらいたいと思っての活動だった。

## YouTubeで収入を得ることを考えた

「今までは考えたことはなかったんですが、YouTubeでも収入を得ることはできるんじゃないか？　とも考えました」

しかし自粛期間が過ぎ、コロナ禍も少し落ち着きを見せた。7月には「フロントにアクリル板を敷く」「トイレや洗面台を、部屋ごとに完全に分ける」など徹底したコロナ対策をしたうえで営業再開に踏み切った。すると想定よりたくさんのお客さんが足を運んでくれた。そして予約もたくさん入った。

ホッと胸を撫で下ろしている間もなく、8月に第2波がやってきた。せっかく入った予約は一気にキャンセルされてしまった。心のイライラを抑えられなくなってしまったのだろう、在宅で仕事をしている妻とケンカになり、彼女は実家に帰ってしまった。そして、同時期にマサヲさんは実の弟とも仲違いしてしまった。「民宿丸慶」の仕事を手伝ってもらう約束をしていたのだが、弟は別の場所に移り住んでしまった。

青木ヶ原樹海

「今までの人生の中でいちばんの絶望でした。僕は家族を大事にしてるはずだったのに、２人も失ってしまいました。目の前が真っ暗になってしまいました」

マサヲさんはそんな絶望的な日々の中、YouTubeでライブ配信をすることに決めた。『ぼっち樹海心霊凸…１００日後に〇ぬサヲ』と題し、毎日深夜に樹海に入り、１００日連続で配信をするという内容だった。『１００日後に〇ぬサヲ』はツイッターで大ブレイクした『１００日後に死ぬワニ』のオマージュであることは明確であり、つまりかなり不吉なタイトルだ。小学生時代、樹海での自殺者に怒りを感じていたマサヲさんらしからぬテーマである。

「そのときは普通の精神状態じゃなかったですね。狂ってしまっていたと思います。アーカイブを見ると、ヤバいなって思います。地元の人間でも、漆黒の樹海の中を歩くのは怖いんですよ。自暴自棄になって、自分を痛めつけるような行為をしたかったんだと思います」

そんな配信を見る視聴者の中にはかなり過激な人もいた。罵詈雑言を吐いたり、マサヲさんの死を望むような発言をしたりする人すらいた。ただ、配信を毎日続けるうちに、だんだん優しい人が増えていった。青木ヶ原樹海をテーマにしていると広告がつきづらいので、いっそ全面的に切リ捨てた。

収入は、メンバーシップ（有料会員制）と、スーパーチャット（投げ銭機能）に切り替えた。そして過激なこともいっさいやめて、樹海の中のマサヲさんを安全に導いてくれる人だけとやりとりをするようにした。そのうちにチャンネル登録者数は増えて、１万人を超えた。収入も、一時的なものであるとはいえサラリーマンの平均月収を超えるほど得ることができた。

そして視聴者の中には、実際にわざわざ泊まりに来てくれる人もいた。YouTubeが導線になって、「民宿丸慶」に客を呼び込めれば、これからの集客につながるだろう。ただ、YouTubeを配信することで、金銭以上のものを得たとマサヲさんは感じている。

## 「コロナ以前よりもずっと強くなれた」

「視聴者さんの中には、自らもつらい立場の人がたくさんいらっしゃいました。コロナ禍によって仕事を失ってしまった人、重たい病気で手術を控えている人など、僕よりもずっと絶望的な環境にいる人もいました。そんな人たちと話をしていくうちに、『いつまでも絶望してちゃいけないな』と考えるようになりました。結果的に僕は、コロナ以前よりもずっと強くなれたと思います」

そんな心の成長が態度にも表れたのか、実家に帰っていた妻がマサヲさんの元に戻ってきてくれた。マサヲさんは、仲違いしてしまった弟とも近い将来、仲直りできるのではないかと期待している。だが、残念ながらこれからも厳しい状況は続いていくだろう。2020年10月は通常どおり営業したが、収支は前年度比90%減という厳しいものだった。民宿村の民宿もコロナ禍の影響で3軒が営業をやめることを決めた。

「今は、新型コロナウイルスによって宿や飲食業などのオフラインの商売が打撃を食らっています。でもいつか新型コンピューターウイルスでオンラインの商売が全滅になる可能性だってあると思います。なので僕は、民宿（オフライン）とYouTube（オンライン）のどちらも頑張って未来に備えていきたいと思います。コロナ禍には『つらいときには絶望に負けずに、そのときできることをすればきっと苦境は乗り越えられる』と学ばせてもらいました」

マサヲさんは、「民宿丸慶」を大成功させることで民宿村全体を盛り上げ、ひいては精進湖全体を活性化したいという大きな夢を語った。そして、最後に、「今はバンドをやっていたとき以来の充実した日々が続いています」と明るい笑顔で話してくれた。

# File.10

世界各地を身一つで戦ってきた
元傭兵の男

# 高部正樹

（元傭兵／軍事アナリスト）

「〝何も残してないこと〟を
むしろ誇りに思ってるんです。
自分がこうと決めた道を100%、
余力を残さずに生きてきました。」

## 日本人ながら「傭兵」として活動した異色の経歴

高部正樹さん（56歳）の最も知られている肩書は「元傭兵」だ。アフガニスタン、ミャンマー、ボスニア・ヘルツェゴビナと、海を渡り戦地に赴《おもむ》き、傭兵として20年近く活動してきた。傭兵とは金銭などの利益により雇われ、戦闘・闘争に参加する兵士や集団のこと。これは日本人としては非常に珍しい経歴だ。

引退後は、軍事アナリスト、軍事ジャーナリストとして活躍している。著作も『戦友 名もなき勇者たち』（並木書房）、『実録!!:傭兵物語—WAR DOGS—』（双葉社）など、傭兵時代の経験を基にした作品をたくさん執筆している。

２０２０年11月に上梓した『日本人傭兵の危険でおかしい戦場暮らし』（竹書房）では、傭兵のシビアな面だけではなく、コミカルな面も描かれている。不足した野菜を取るために銃撃されながらピーマンを採った話、仲間が現地の女性に惚《ほ》れてしまった話、そして少女からビスケットを1枚手渡されて感動したエピソード、など。イメージする傭兵よりも、ずっと人間味のある姿が描かれていた。

「元傭兵」の肩書を持つ高部正樹さん

ただ、それでも「元傭兵」という肩書の人だから、こわもての男性が来ると思い少し身構えていた。しかし実際に会議室に現れた高部さんは体躯こそ大きいものの、ニコニコと笑顔でとても優しい雰囲気の男性だった。

高部さんはどのような経緯を経て傭兵になったのか。傭兵時代の歴戦の話、そして傭兵を引退した現在の話を聞いた。

高部さんは、愛知県豊田市に生まれた。山も川もある自然豊かな田舎だったという。

「小さい頃から体を動かすのは好きでした。朝から晩までカブトムシをつかまえたり、川で釣りをしたり。野球でもなんでも得意でした。勉強はほとんどしなかったですけど、成績は上位

でした」

ある日、小学生の高部さんは両親に書店へと連れていかれ、「好きな本を買っていいよ」と言われた。高部さんは『戦艦大和のさいご／真珠湾上空6時間』（偕成社）という本を買ってもらった。それからは第二次世界大戦の軍記物の作品を読みあさるようになった。

「子ども心に『軍人は自分のためではなく、他人のために命をかけて戦う仕事だ。これこそ男の仕事だ』と思いました。そして大きくなったら軍人になろう、と決めました」

ただ、学校の先生は高部さんの夢を理解しなかった。

「卒業文集に将来の夢は『軍人』って書いたら、勝手に『プロ野球選手』って書き直されました。さすがにひでえなあって思いました（笑）」

当時、高部さんのいちばんの目標は航空自衛隊のパイロットになることだった。パイロットになるには大学を卒業するしかないと思いこんでいたので、普通科の高校へ進んでいた。

「高校2年生で航空学生という制度があるのを知りました」

航空学生とは、航空自衛隊の戦闘機のパイロットなどを養成する制度だ。非常に狭き門で、高部さんが入隊したときは、結果的に３０００人が応募し、68人しか入隊できなかった。

「試験は全教科まんべんなく出題されました。マークシート試験ですが、英語と数学だけはそれ以外に筆記試験もあり特に重視されていました。学校では私立文系コースで理系の授業がなかったため、教科書を買ってきて独学で勉強しました。理系の先生のところへ行き、教えてもらったりもしました。ただ、学力の試験もあるけれど、実際には適性検査のほうが重要視されているというのがもっぱらの噂でした」

適性検査とは、飛行機を操縦する適性を測る検査だ。身体検査、知能テスト、性格検査、そして実際に飛行機に搭乗しての試験と、徹底的にふるいにかけられる。

「なんとか合格することができました。もし合格しなかった場合、一般大学に進んでから航空自衛隊に入るなどを考えていました。ただ航空学生になるのがパイロットになるいちばんの近道でしたからうれしかったですね」

1年生のときに基礎教育を学び、2年生では航空力学など飛行機に関する学問を学ぶ。その間、毎日ハードな体育訓練があった。

## 1日10～20キロメートル走るのは当たり前

「1日10～20キロメートル走るのは当たり前でした。教官に『10キロ50分で走ってこい』って言われて、これはかなり楽なペースなので内心喜びながら帰ってきたら『はい、ウォーミングアップ終わり。10キロ40分で走ってきて。タイム切れないヤツはもう1本』って言われました。みんな死にものぐるいで走って、なんとか40分を切って戻ってきたんですけど教官は『はいクールダウンで10キロ走ってきて』って言いました（笑）。そんなのが日常でしたね」

体力と気力は徹底的に鍛え上げられるが、耐えきれず辞める人もいた。2年の卒業時には、10人がいなくなっていた。そして飛行機の訓練に移行したのは、58人だった。

「僕はジェット機の訓練までいっていたのですが、G（重力加速度）で腰を悪くしてしまいました。それで自衛隊を辞めることになりました。あと1年で戦闘機に乗れるところまで来ていたので、すごく残念でした」

残念だったが、普通に就職する気はなかった。それならば「傭兵になろう」と思った。ただ、当時は現在と違いインターネットで情報を調べるわけにはいかなかった。誰に聞いても、「そんなのは映画の中の話だよ」と馬鹿にされた。

　高部さんは自動車工場で期間工として働いたり、ヨットハーバーでアルバイトをしたり、ボーリング（穴掘り）の仕事に就いたりと、さまざまな仕事を渡り歩きながら、傭兵になるチャンスを探っていた。そんなある日、とあるフリージャーナリストがアフガニスタンに行った経験をまとめた本を目にした。

「『この人に連絡を取ったら傭兵になる方法がわかるかもしれないな？』と思い出版社に連絡を取りました。すると『出版記念パーティーがあるから、よかったらおいで』と誘ってもらえました」

　そのパーティーでアフガニスタンに精通している人物を紹介してもらい、後日その人の事務所を訪ねたが、ほぼ門前払いを食らってしまった。がっかりではあったが、だが少しの会話からある程度の知識を手に入れることができた。

「それはパキスタンとアフガニスタンの国境にあり、ベシャールという街の『ユニバーサルシティ通り』という場所に行けば、反政府ゲリラの事務所がある、という情報でした。こうなったら1人で『ユニバーサルシティ通り』に行くしかない、と思いました」

仕事を辞めて、パスポートとビザ、パキスタン行きのチケットを入手した。そこまで用意したところで、前述のアフガニスタンに精通している人物に挨拶をしておこうと思い立った。顔を出すと、その人は驚いた様子だった。

## 戦いたいと言って本当に戦うのは１００万人に１人

「男が１０００人いれば戦いたいと言い出すのが１人くらいいる。しかし実際に戦うのは１００万人に１人だ。だから最初は拒絶したけど、もしかしたら君はその１００万人に１人なのかもしれない。なら時間を無駄にしなくてもいいように紹介状を書いてあげよう」と、反政府軍の事務所の電話番号や担当者の名前を教えてもらい、紹介状も書いてもらった。

　現地で、紹介状を見せると話はすんなりと通った。そして「いつ行きたい？」と単刀直入に聞かれた。高部さんはもちろん「明日にでも行きたい」と答えた。

「３日後くらいに、アフガニスタンに入る反政府軍がいるから一緒に入るか？　と言われて、ＯＫしました。３日あるならゆっくり準備しようと思っていたら、翌日『今から行くから来い!!』と急に言われました。現地の人が着る服、シャルワール・カミーズだけは準備していたので、それだけを持って反政府軍に加わりました。シャルワール・カミーズは民族衣装ですが、彼らは軍服ではなくこれを着て戦います」

反政府軍は多くの場合、親兄弟、仲間同士、というような人のつながりでできている小さなグループの集合体で、基本的に、自分たちが住む地域周辺で戦闘をしていた。高部さんは当時、反政府軍の中では2番目に大きいグループに入った。そしてすぐに最前線に回された。高部さんにとって、最初の戦闘が始まった。

「アフガニスタンでは斜面の上のほうから攻めていくことが多いです。初めての戦闘は、気分も高揚していたので、まったく怖くなかったですね」

弾丸が飛んでくるときにはこんな音がするんだ、砲弾が炸裂するときはこんな音がするんだ、などと冷静に判断していた。重症を負った兵士がかつがれて、斜面の下から運ばれてくる。撃たれて死んでいる人もいた。

「戦闘時はまったく怖くなかったんですけど、戦闘が終わり後方の拠点に移動してから、いろいろ思い出して急に怖くなってしまいました」

怖くてもう戦闘に出たくないと思った。「頭が痛い」「熱がある」と仮病を使って戦闘をサボろうとした。怯える高部さんに指揮官は、「大丈夫、大丈夫！　前線に行けば治るから！」

（C）高部正樹・にしかわたく／竹書房

と高部さんの手を引っ張り無理やりに、戦闘へ連れ出した。まるでスーパーで駄々をこねる子どもを、親が無理やり引っ張っていくような状態だったという。

「実戦では基本的に先に敵を見つけたほうが、自分たちのタイミングで攻撃をしかけます。戦闘のはじめに最大火力を出すようにします。もちろん先に相手から見つかって発砲されることもあります」

パパパパパン！　と山間《やまあい》に銃声が響くと、それを契機に戦闘が始まっていく。撃たれた側は当然即座に撃ち返す。野球の応援のウェーブのように、戦闘は波及していく。

「もちろん、戦闘になるかどうかは状況によってさまざまです。パトロールで敵を見つけても戦闘をしかけないことはありました。無視しても問題ないと判断したときや、相手が強すぎるときは仕掛けませんでした」

一度だけ、お互いが発見し合ったのに戦闘にならなかったこともあったという。高部さんの隊が山の中腹を歩いていると、200メートルほど先の敵の軍隊と鉢合わせしてしまった。お互い、敵がいるとは思っておらず油断していた。高部さんたちは銃を肩にかけていたし、敵の兵隊は地面に銃を置いていたりした。お互いに睨《にら》み合ったまま、動けない状態が続いた。高部さんの隊の先頭を歩いていた兵士が、ゆっくり1歩ずつ歩き始めた。相手の兵士は目で追うだけで、行動はしなかった。敵兵の死角に入った途端、全員全速力で走って逃げた。

「戦闘力は相手のほうが圧倒的に強かったですね。味方は10人。敵は30～40人でした。戦闘になったら結構不利な状態でした。その頃、旧ソ連軍が撤退する直前だったんですよ。彼らは、もうすぐ故郷に帰れるのに、無用のリスクは冒したくないって思ったんでしょうね。助かりました」

　このように傭兵は、まさに命を張った仕事だ。朝ご飯を食べた仲間が、夕食にはいなくなっている、というのは珍しい出来事ではなかった。

　実際、高部さんも大怪我をしたことがあ

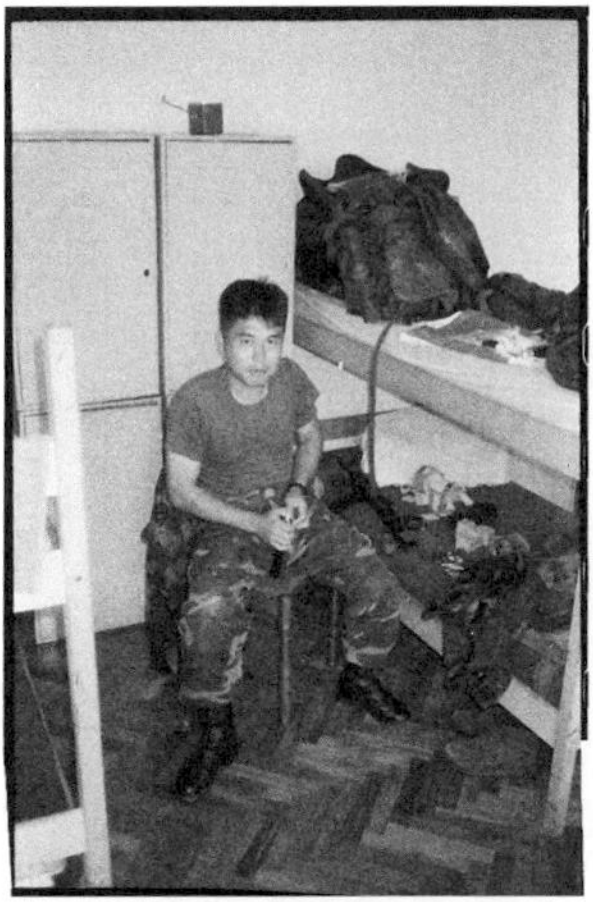

傭兵時代、部屋で準備をする高部さん

る。

「ソ連製の攻撃ヘリが、砲台をロケットで攻撃しました。砲台は大破して、飛んできた小さい破片が３つ背中に刺さりました」

ヘリコプターは砲台を撃破しただけで退散したからよかったが、追撃されていたら一瞬にしてミンチになっていただろう。

そんな命をかけた戦闘をこなして、高部さんはどれだけの報酬を得ることができたのだろうか？

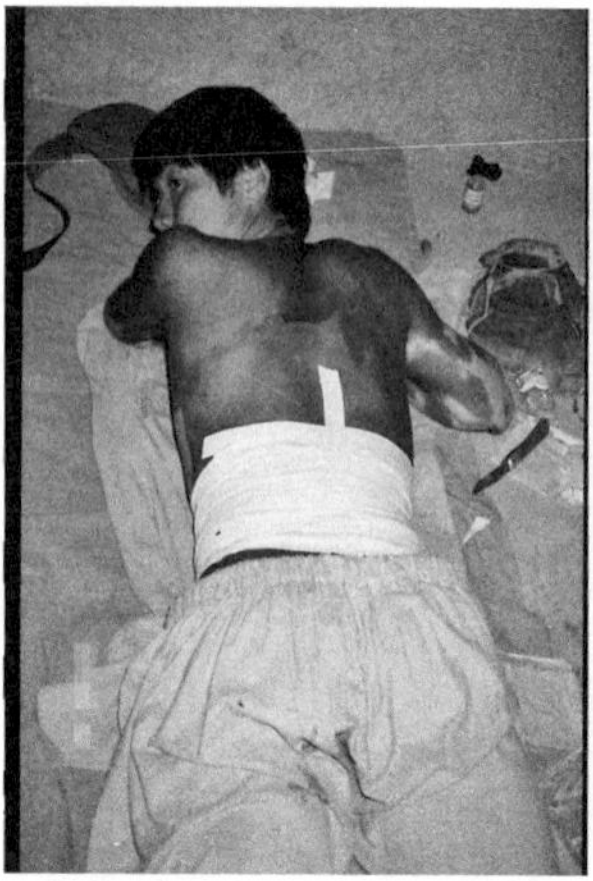
ヘリに攻撃された後。小さい破片が3つ背中に刺さった

## 1回にもらう給料は8000円ぐらい

「アフガニスタンのときは1回にもらう給料は８０００円ぐらいでしたね。雑にカバンからわしづかみにしたアフガニー（アフガニスタンの通貨単位）札束を手渡されました。その給料の出どころもどこからなのかはわかりませんでした」

現地の兵隊としては、8000円は悪い金額ではなかった。ただ、高部さんにとっては使い道がなかった。アフガニスタンにいる間は、食べ物などは支給される。そして国境を越えて、パキスタンに戻るとアフガニーは使えない。両替商はいるが、通貨として弱いアフガニーをルピーには交換してくれなかった。結局、高部さんは給料を全部仲間に配っていた。

「でも僕はお金のために傭兵をしていたわけじゃなかったので、なんとも思いませんでした。それに、その後に行ったミャンマーはボランティアだったので報酬は0円でした。衣食住武器弾薬はタダで支給されましたが、飛行機のチケット代などを考えると完全にマイナスでしたね」

(C) 高部正樹・にしかわたく／竹書房

高部さんはミャンマーではカレン民族解放軍に加わり、活動した。アフガニスタンで傭兵デビューした高部さんだったが、イスラム教徒ではないので感情移入がしづらかった。それに比べミャンマーは、指導層こそキリスト教がメインだが、一般人の7割は仏教徒だった。また第二次世界大戦で日本兵が行っていた地域もあり、比較的日本人に対して好意的な人も多かった。

1990～1994年、1995～2007年と合わせて16年間、高部さんの傭兵人生では最も長く活動した。先にも書いたがミャンマーでの戦いは、給料は出ない。着るものを買うくらいしか出費はないが、それでもお金は減っていく。ミャンマーには雨季と乾季があり、雨季には車両が走れなくなり、敵も味方も補給がしづらくなる。結果的に、戦闘は散発的になる。

「1年のうち半分は動きがないので、雨季の間は日本に帰ってきて働くことも多かったですね」

とにかくギリギリまでミャンマーにいたため、日本に帰ってきたらもう手持ちのお金が5000円しかないときもあった。キャベツ1個を買ってきて、油で炒めて、しょうゆをかけて食べる日が続いたこともあった。

「帰ってきて知り合いに会うと、みんないいもの食べて、いい女と遊んで、いい自動車に乗ってました。彼らに、『よくそんな生活してるね?』って馬鹿にされましたけど、逆に僕からしたら『お前らこそ、よくそんな退屈な生活をしていられるな』と感じていました」

それでも戦場にいると、飢えるし、汚いし、肉体的にもきつい。日本に帰りたいと思うこともあった。

## 日本に帰ってくるとつまらなくなった

だが、日本に帰ってきて2～3日がすぎると、つまらなくなった。まるで生きている感じがしなくて、早く戦場に戻りたいと思った。

「たとえば1000円払っていいもの食べるなら、毎日キャベツでもいいから、1日でも早くお金を貯めて戦場に戻りたかったですね」

戦場は死ぬ確率が非常に高い。高部さんも自分が死なずに済んだのは、運がよかったからと認識している。戦場に憧れる人は少なくない。だが実際に戦争に行く人はごくわずかだ。それは戦場へ行くとリアルに死んでしまうからだ。高部さんは、死とどのように付き合ってきたのだろう?

「周りで仲間は死んでいきますから、いつかは自分にも順番が回ってくるかもしれないと覚悟はしてました。ただあんまり重たくは考えてなかったですね。『運が悪ければ死ぬな』ってな感じです。『死ぬのも契約のうち』くらいに思ってました」

後輩の日本人の兵士が深刻そうな顔で、「これが最後の日本かもしれないと思って、両親

銃の準備をする高部さん

の作ったご飯を食べてきました」としみじみと言っているのを聞いて、高部さんは少し呆れたという。

「僕たちは徴兵されたわけじゃありません。『好き勝手にやってきて戦争してるのに、深刻な顔で何を言ってるの？』って思いました。死ぬのが嫌だったら日本にいたらいいんですよ」

高部さんが傭兵になって10年後、世話になっている出版社経由で日本から連絡が入った。連絡をよこしたのは、高部さんの母親だった。

「『1年前に父親が死んで、今度納骨するからよかったら帰ってきたら？』って言われました。それで久しぶりに帰ることにしました」

戦場から帰ってきて家族やペットと再会して、大歓喜するシーンがニュースになることがある。高部さんは10年も離れていたのだから、感激もひとしおだと思うが、まったくそんなことはなかったという。

高部さんの母親は、「お前は小さい頃から『戦争だ！　戦争だ！』って言ってたから、きっとこんなようなこと（傭兵）をしてるんじゃないかと思ってた」と高部さんに告げた。

「見事に母親の予想どおりのことをしていましたね（笑）。久しぶりに会っても、押し寄せる感動とかはなかったですね。僕も母親も、ごく自然に、まるで昨日も会っていたかのように過ごしました」

そうして20年近く傭兵として活動してきた高部さんだが、43歳を機に引退することに決めた。

「やはり体力的に衰えたのが理由ですね。カレン軍の人たちはかなり歩くのが早いのですが、それまでは普通についていけてました。ただ40歳を超えてから、彼らが心なしか僕に遠慮してちょっと速度をゆるめてくれたり、気遣ってくれてるのがわかるようになりました」

また若い頃は2～3時間眠れば体力が70～80％は回復していたのが、50％くらいしか回復できなくなったと感じた。

## 「傭兵は通用しなくなるまでやっちゃダメ」

「傭兵はスポーツと違って、通用しなくなるまでやっちゃダメなんですね。仲間の命を危険にさらしますから。まだ余力があるうちにやめないといけない。だから、キッパリと引退しました」

やめた後は、「新兵の訓練教官にならないか？」と誘われたが、訓練だけして自分は戦場には行かず、リスクを負わないのは性に合わないから断った。

「傭兵をやめたときに、『この人生における、僕の仕事は終わった』と思いました。『この命でやるべきことは終わった』と言ったほうがいいかな？　そして残りの人生は流れるままに生きよう、と思いました」

とりあえず日本に帰国することにしたが、特に帰国後の不安はなかった。

「そりゃミャンマーの基地にいたほうが不安ですよ（笑）。日本で生活してても銃弾は飛んでこないし、まあなんとかなるだろう……と思いました」

日本に帰ってくると、古くからの知り合いに、「お前、必死になって傭兵やってきたかもしれないけど、何も残ってないじゃん？　お金も家族もないだろ？（笑）」と馬鹿にされた。

「でも僕にとっては〝何も残してないこと〟をむしろ誇りに思ってるんです。自分がこうと決めた道を１００％、余力を残さずに生きてきました」

　高部さんは「流されるまま生きよう」と考えたが、それは別に捨て鉢になったわけでもないし、ダラダラ生きようと思ったわけでもない。来る仕事は受けたし、真摯に応えるつもりだった。現に傭兵として20年近く活動したという実績は、非常に希少で価値があるため、たくさんの仕事が来た。

おしゃれなカフェに行くこともあった傭兵時代

　まずは、軍事アナリスト、軍事ジャーナリストとしての仕事がある。

「仕事をいただけるのはありがたいのですが、ちょっとズレているなと思うこともありました。日本での軍事アナリストの仕事って、〝カタログデータ〟を出して検討することなんですね。たとえば、この銃は（資料によると）何メートル弾が飛びますよ、とか。ただ現場で働いていると、データと実際には大きな隔たりがあるって現実がわかる。でも僕は彼らのようにうまく解析、解説はできない。大学教授と、叩き上げで現場で働く職人の違いのようなものを感じました。ただ、マスコミで必要とされているのは、大学教授の意見なんですよね。だから名刺の肩書には、軍事アナリスト、軍事ジャーナリストとは書いていません」

ただ実際に戦場に行っていなければわからないことはたくさんある。日本の自衛隊は、戦後実戦経験がまったくない。高部さんは自衛隊に呼ばれて講話を頼まれることもあった。

「僕も元自衛官ですから、彼らが持っていない経験を教える、共有できるというのはうれしいですね。僕の経験が少しでも役に立ってくれれば、と思います」

日本は現在平和であり、街中で戦闘が行われることはほぼありえない。ただフィクションの中では、たびたび戦闘が繰り広げられる。高部さんは、ドラマや映画での戦闘シーンの監修を頼まれる。映画『寄生獣』、ドラマ『S -最後の警官-』など、人気作品に多く携わってきた。

「たとえば『ここの道路を封鎖するにはどうしたらいいか？』などシナリオ上の具体的な相談を受けて、『こういう場合は、このビルを爆破して道を防ぎましょう』という感じで答えています」

## 傭兵時代のエピソードを漫画に

傭兵時代のエピソードをつづった本も『傭兵の誇り』（小学館）、『戦友 名もなき勇者たち』（並木書房）などたくさん出版してきた。

「どうしても〝傭兵〟って、アウトロー、戦争の犬、みたいなシビアなイメージを求められるんです。皆の傭兵に対するイメージって『ゴルゴ13』（小学館）のような冷徹なかっこよさなんですよね。もちろん、頼まれれば書くのですが、どうにも恥ずかしいんですよね（笑）」

そんな折に依頼が来たのが、竹書房での『日本人傭兵の危険でおかしい戦場暮らし』（竹書房）の連載だった。

「かっこつけた漫画になったら嫌だなと思ったんですが、漫画家のにしかわたくさんの絵を見て、この絵なら大丈夫だなと思いました。単行本の表紙は、青ざめながら走っている僕なんですが、まさにこんな感じの場面が何度もありました（笑）」

漫画内では高部さんが戦場で経験したさまざまなエピソードが描かれている。もちろん戦場が現場だから、凄惨なシーンもあるのだけど、仲間同士ではしゃいだり、友人の恋を応援したり、あまりにまずい飯に辟易《へきえき》したり、と楽しげな青春譚もたくさん描かれている。

「実際、戦場では笑いあり、涙あり、ケンカもして、馬鹿もする。そんな雰囲気でした。傭兵たちの意外だけど当たり前な一面を知ってもらえたら、うれしいですね」と高部さんは語った。

　高部さんは、筆者がインタビューした数多くの人の中でも、特に親切で優しい雰囲気の方だった。話を聞きながら、その優しさの源泉は、苦しい状況を自力で乗り越えてきたという自信にあるのではないか？　と思った。

# File.11

京都でクラフトビール造りに励む
オーストラリアの男

# トム・エインズワース

（クラフトビールブルワー）

「実は日本のことはほとんど
知らなかったです。有名な漫画作品や
アニメ作品は知っていましたけど、
それくらいでした。」

# 京都でオーストラリア出身の彼が開いたブリューパブ

出張で京都を訪れた際、知り合いに「オススメのクラフトビールのお店があるのですが行きませんか？」と誘われた。

クラフトビールとは小規模なビール醸造所で造られるビールのことだ。以前は地ビールと呼ばれることが多かった。個人的には過去に地ビールに対してあまり良い思い出はなかったのだが、それでもせっかくだから足を運ぶことにした。もちろん新型コロナウイルスの感染対策には十分に気を配ったうえでのことだ。

「京都ビアラボ」は、高瀬川沿いの木《き》屋《や》町《まち》通《どおり》というとても京都らしい風情のある町の中にあった。ドアを開けると、狭いながらもおしゃれな店内だ。店の奥には大きなタンクが置かれているのが見えた。「京都ビアラボ」はブリューパブだ。ビールの醸造（Brewing）をしながら、酒場を経営している。つまり、いつでも造りたてのビールを味わうことができる。店内や通販では、その場で詰めた缶ビール、瓶ビールも販売している。

さっそく、ペール・エールを注文してみた。鳥獣《ちょうじゅう》戯《ぎ》画《が》のデザインのしゃれたグラスに注がれる。非常に爽やかでスッキリした飲み口で驚いた。オーストラリア産のホップの香りが心地よかった。地ビールは「チーズのような臭い」のする、垢抜けないビールという、筆者のイメージは一瞬でどこかへいってしまった。

名物である「かぶせ茶ホワイトエール」は確かにお茶のいい香りがするのだが、前面に出ずうるさくない。マカダミアナッツやココナッツコーヒーなどがフレーバーとして入ったお酒も同じで、嫌味がなくとても飲みやすい。醸造期間が長いビールはまるでワインのような色合い、味になっていた。名前もバーレーワイン（麦のワイン）と呼ばれる。そんなビールを初めて味わい、とても驚いた。クラフトビールの魅力に一気に取りつかれてしまった。

鳥獣戯画のグラスもしゃれている

知人に、カウンターの中で働いていたブルワー（醸造担当者）を紹介してもらった。トム・エインズワースさん（34歳）はオーストラリア出身の白人男性だ。京都ビアラボを仲間たちと立ち上げてもう4年目になるという。トムさんはどのような道を経て、京都でビールのブルワーをすること

ブルワーを務めるトム・エインズワースさん

になったのか、後日の開店前の店内で話を聞いた。

　トムさんはオーストラリアのシドニーで生まれた。

「シドニーはオーストラリアでいちばん大きい街と言われるけど、都市部はそれほど大きくありません。自動車で20分ほど離れるとゆったりとした町並みになります」

　川沿いの町で、子どもの頃は釣りをしたり、小さなボートで遊んだり、ウェイクボードをしたりして元気に育った。

「父はビジネスマンでした。母は13人兄妹のすごい大きなファミリーでした。いとこは１００人近くいました」

人数が多すぎるので親戚が全員集まることはなかったが、それでもいとこ同士よく遊んでいた。

「高校のときはいとこたちと普通の友達みたいによく遊んでいましたね。高校を卒業した後は、進学はせずいったん働いてみることにしました。庭師や大工など、肉体労働を選びました。ビジネスマンにはなりたくなかったですね」

ちなみにオーストラリアではビールはとてもよく飲まれているという。

「若い頃は、大手メーカーが造るビールを飲んでいました。社会人になって、もうちょっとおカネを出しても、いいビールを飲もうという気持ちになりました」

オーストラリアは日本と比較して、お酒を醸造するハードルが低い。販売目的で製造する場合は許可を取らなければならないし、税金もかかってしまうが、個人的に飲むためのお酒なら自由に造ってよかった。

「自分の家でビールを造っている人はたくさんいましたよ。釣具屋さんくらいの感覚で、あちこちに『ホーム・ブルワリー・ショップ』がありました」

日本ではなじみのない「ホーム・ブルワリー・ショップ」だが、麦やホップなどの材料やタンク、瓶など自宅でお酒を醸造するのに必要なものはなんでも売っているという。

## ビールのブルワーになるのは夢の1つだった

トムさん自身は、22～23歳からビールを造り始めた。

「将来、ビールのブルワーになるのは夢の1つとして当時から持っていました」

トムさんは旅行が好きで19歳の頃からあちこち1人で旅に出ていた。肉体労働をして貯めたお金を使って、海外旅行に行くことにした。オーストラリアのすぐ北にあるため、地理的に行きやすいバリ島に手始めに行った。

「バリ島に行って、そのまま東南アジアに行きました。3カ月の旅の予定が、10カ月以上になりました。帰るときには飛行機チケット以外には10円くらいしか現金が残ってなかったですよ（笑）。ヨーロッパにも行きましたけど、ヨーロッパは物価が高いのですぐにお金がなくなってしまいました」

長期にわたる海外旅行を経て、オーストラリアに帰国した後、トムさんは国際的に仕事をしたいと思うようになった。まだ具体的には何がしたいかはわからなかったが、とにかく大学の国際科に入学した。

この頃、トムさんは日本のことはどう思っていたのだろうか?

「実は日本のことはほとんど知らなかったです。有名な漫画作品やアニメ作品は知っていましたけど、それくらいでした。当時知っていたアニメは、たとえば『エヴァンゲリオン』とかですね」

トムさんは大学で、スペイン語の授業を選択した。その授業を受けているのは、なぜかオーストラリアに住んでいる日本人ばかりだった。彼らはすでに英語を話すことができて、さらにスペイン語も学ぼうとしていた。

「周りは日本人ばかりで、すぐに仲良くなりました。せっかくだから大学でも日本語を学び始めました」

そうして日本語の勉強を始めて3カ月ほど経ったときに、日本へ留学するチャンスが訪れた。申し込んだ人の中から10人に限り、沖縄へ留学できることになった。費用は20万円ほどだった。

「慌てて申し込みましたが、結局申し込んだのは2人でした(笑)。もちろん留学はできました」

中国人、台湾人など、さまざまな国籍の人が参加していた。日本語は、やはり漢字がわかる国の人のほうが圧倒的に理解するスピードが速かったという。

「そのときに知っていた漢字は『一』『二』くらいでした。『三』になるともう怪しかったです（笑）。ほとんど英語で乗り切りましたね。留学中に、ほかの大学に留学に来ている台湾人の女性と付き合いました。その人に教わって、ずいぶん勉強がはかどりました」

## いったん帰国したが今度は大阪へ

予定どおりいったんオーストラリアに帰国したが、その後、今度は大阪へ半年間留学することになった。

「大阪の和泉中央に住みました。当時は音楽に興味があったので、クラブやパーティー文化が盛んな大阪は楽しかったですね。少しガラの悪い人たちとも仲良くなって、楽しく過ごしました。もし今だったら、ビーチやサーフィンがある沖縄のほうが住みたいかもですね」

半年間の留学を終えた後、オーストラリアに帰国して、無事大学を卒業した。

「卒業後、日本国内の英語教師の採用に申し込んだらＯＫが出て、滋賀県の高校で教師をすることになりました」

トムさんが赴任した学校は、そこそこ荒れている学校だったという。トイレに行くと吸い殻がたくさん転がっていた。

「生徒たちはまったく勉強してなかったけど、面白い子が多かったですよ。特に女の子はみんな勢いがありました。生徒は誰も英語を話せなかったですから、全部日本語で会話をしなければならなかったです。だから個人的にはずいぶん、日本語の勉強になりました」

教師仲間とはあまり付き合わなかったが、代わりにクラブやライブハウスでできた友達とよく遊んだ。

「滋賀県は本当に好きでしたね。琵琶湖湖畔で開催される野外フェスはすばらしくよかったですね。滋賀県に住む友達の家に遊びに行って、そこでもずいぶん日本語の勉強になりました」

トムさんは当時、日本国内で４つのバンド活動をしていた。その過程で、茶葉を使ったクラフトビールを造っていた村岸秀和さん、現在の「京都ビアラボ」の店長である横山大樹さんと出会った。

「4年前、みんなで飲みに行って話しました。すぐに『やらへんか!?』『やりましょう!!』という流れになりブリューパブを始めることになりました」

京都市外ならば大きい規模の醸造所を造れたかもしれないが、京都市内でお店を開きたいという思いがあった。現在の場所はそもそも、シェアハウスのガレージとして使われていた。建物はあったものの、それ以外は何もない施設だった。

「造りにこだわってしまったので、想定していた予算の倍くらいかかってしまいました。とても丈夫な施設になったので、満足はしています。機械類は日本のメーカーに特注で造ってもらったものもありますし、中国製の安い製品を輸入したものもあります。機械だけでも４００万～５００万円かかりました」

現在店内には、４００リットルのタンクが３つ、２００リットルのタンクが３つある。できたビールを樽に入れて貯蔵することができるので、フル稼働すれば月に４０００リットル造ることが可能だ。

## 島根県などでクラフトビールを学ぶ

お店がオープンする前にトムさんは教師を辞め、いったんオーストラリアに帰国してクラフトビールの研究をすることにした。

メニューの書かれた黒板

「たくさんの『ホーム・ブルワリー・ショップ』を回って勉強しました。短期間に集中して研究をして、かなりスケールアップしました。実際に醸造所へ行って研修させてもらいました。オーストラリアで研修した醸造所は、比較的大規模な施設ばかりだったので、日本に来て小規模な醸造所で研修もさせてもらいました。島根県江津市にある『石見《いわみ》麦酒《ばくしゅ》』さんでの研修は非常に勉強になりました。感謝しています」

「石見麦酒」は9坪の小さなブルワリーで、地元の農産物を使いさまざまなクラフトビールを製造している。

「京都ビアラボ」で提供されているビールのメニューは黒板に書かれているが、その横にはメダルがかかっている。「ジャパン・グレートビア・アワーズ」などのクラフトビールに与えられる賞を受賞したビールだ。壁際にはズラリと瓶が並んでいる。それぞれ、白黒で描かれたエッジの効いたデザインのラベルが貼られている。今までに、「京都ビアラボ」で造られたビールだという。

「お店が始まって３年で提供したビールの数は１００種類以上です。いちばんこだわるポイントは自分の舌ですね。何よりゴクゴクと気持ちよく飲めるビールを造りたいと思っています」

ビールのレシピは多くの人が研究していて、インターネットに載っている場合も多いという。

「ただいちばんの肝《きも》の部分は書いてない場合が多いですね。使っている３つの麦芽は書いてあるけど、その割合は書いていなかったり、熟成の時間が書いていなかったり、そんな感じです。ビールはそういう微妙な調整で、全然味が変わるんですよ。結局は、自分で研究してレシピを完成させるしかありません。また、原材料も年によって出来が変わります。２０１８年のホップと、２０１９年のホップは全然違うとかはよくあります」

ビール醸造には几帳面さが求められる。成分比、醸造時間、冷蔵庫で保管する期間などで出来が全然変わってくる。トムさんは、ビール愛飲家の中でも腕利きのブルワーとして知られている。

「醸造期間は造るビールによって違います。2週間～半年かけて造ります。中には1年以上熟成しているビールもあります。時間をかけるとおいしくなるビールもあるし、逆にまずくなるビールもあります」

1年間熟成させたビールは、アルコールのきつさがなくなり、麦芽の甘みが出てくる。まるでワインのような味わいのビールになる。市販ではなかなか飲むことができないビールだ。看板になる「かぶせ茶ホワイトエール」も、当初とは造り方を変え、優しい味わいが出る方法を開発して提供しているという。

「お客さんにはビールオタクの人も多いですね。僕より詳しい人も来ますよ。『そこまで知らなくていいよ』って思うこともあります（笑）」

## 当初は苦戦したがテレビ放映を契機にブレイク

少し時間を巻き戻すが、研修を終えたトムさんたちは、満を持して「京都ビアラボ」をオ

お店のバックヤード

ープンした。

「やっとオープンできましたけど、半年間は全然お客さんが入らなかったですね。どうしようか困っていたのですが、そんなときにＴＢＳのテレビ番組で取り上げられました」

　テレビ番組で取り上げられてからは一気にお客さんがやってきた。

「お店が始まる前に、店の前に20人くらい並んでいました。オープンからクローズまで、ずっとお客さんが満員の状態でした。店の外で飲んでいるお客さんもいました」

　検索サイトで「京都・ビール」で検索すると上位に表示されるので、見つけやすかった。また、ラグビーのワールドカップも

重なったため、外国人のお客さんもたくさん来てくれるようになった。そのような状態が1年半続いた。

「当時、ブルワーは私1人で、月3000リットル造っていました。もちろん最初はうれしかったのですが、働きどおしで非常に疲れました。スタッフは全員仲がいいんですが、このときはさすがに『もうあかんわ!!』って、辞めそうになっていました。シャンパン・プロブレム（戦争や貧困などの大きな問題ではないが、それでも解決しなければならない個人的問題。ジレンマ）でしたね」

順調だったのでブルワーを2人体制に変更した。また、2号店を作ろうという話も出た。2号店の話が現実味を帯びてきた頃、新型コロナが流行してしまった。

「お客さんは一気に減りましたね。特に外国からの観光客がほとんどなくなってしまったのは痛かったです」

最盛期は１人で月３０００リットル造っていたが、２０２１年現在は２人で月１０００リットルを造るにとどまっている。

「今は身体的には楽ですけど、この状態があと1年も続いたらお店を閉めるしかなくなりますね。ビールを飲みすぎた後に用を足すみたいにお金がジャバジャバと出ていっていますね(笑)。とってもバランスが難しいです。ただ、新型コロナは１人の問題じゃないですからね。あまり文句も言えないですが……」

インタビューをさせてもらったときにはまだお店は営業していたが、４月末の緊急事態宣言に合わせて休業することになった。現在は、オンラインショップでビールを販売するのに力を入れている。偶数月の下旬に旬のビールを6本、10%オフの値段で届けてくれる定期便サービスもある。ビール好きな人にはとてもうれしいサービスだと思う。

## 35歳までに帰国を考えていたが……

「正直、今後どうするかは模索中です。新型コロナがビール業界にどれくらい影響があるかわかるのもこれからだと思います。個人的には35歳まではオーストラリアに帰ろうって思ってたんです。でもよく考えたら、35歳って来年なんですよね（笑）。『京都ビアラボ』もあるし、もう少しいようかなあとも考えています。ただ、いずれはオーストラリアに帰ります。オーストラリアの田舎の海の近くに、ブリューパブを作りたいですね。サワーエール（酸味の強いビール）の専門店とかがいいかな。海のそばで、爽やかなサワーエールを飲むって、最高ですよ!!」と、トムさんは笑顔で語ってくれた。

コロナ禍が去って、お店が通常に営業するようになったらまたぜひ足を運ばせてもらいたいと思った。クラフトビールを飲んだいちばんの感想は「自分にとって親しい人に飲ませたくなるビールだな」というものだった。オーストラリアのクラフトビール名人が日本にいる間に、ぜひ味わってもらいたい。

# File.12

「溶接ギャル」として板金業を手掛ける女

# 粉すけ

（板金塗装業者経営／モデル）

「最初はイヤイヤやっていたんですが、
みんなに、『才能あるね』『上手だね』って
ほめられるうちに楽しくなってきました。」

## 溶接ギャルのルーツ

粉すけさん（26歳）は「溶接ギャル」を名乗る、板金《ばんきん》業を手掛ける「勝倉ボデー」の女社長だ。勝倉ボデーは正式には板金塗装業であり、自動車やバイクの壊れた部分を修理したり、カスタムしたりするのが主な仕事だ。福井市にある勝倉ボデーのガレージには、修理やカスタム作業の途中の自動車やバイクが並んでいて、その周りにはガスバーナーをはじめとするさまざまな道具や塗料が並んでいた。そんな職場の中でキビキビと働く粉すけさんは格好よかった。

溶接ギャルという珍しい肩書や、歯に衣着せぬ発言でＳＮＳでは人気が上がり、テレビにもたびたび出演している。最近では、有名企業とのコラボレーションもしているという。粉すけさんは、どのような道のりを経て板金塗装企業の社長になったのか？　これからどこを目指していくのか？　勝倉ボデーの社内で聞いた。

「私は生まれも育ちも福井県福井市なんですが、家庭環境はちょっとぐちゃってるんです

「溶接ギャル」を名乗る粉すけさん

よ」

粉すけさんの実家は創業１００周年を迎える大きな会社を経営している由緒正しい家だった。粉すけさんの実母は２人姉妹の子どもを産んだが、妹の粉すけさんは子どものできなかった実母の姉夫婦に養子に出されたという。以後粉すけさんは、養父母のもとで１人っ子のように育った。

「実母はちょっといい加減なタイプの人なんですけど、育ての親はすごい真面目な夫婦なんですよね。私とは性格が合わなかったです。口を開けばケンカばかりしてました」

小学生時代の粉すけさんは、性格は明るく、友達も多かった。

「ただし勉強は全然できなかったですね。なんとか頑張って宿題をしても、その宿題のノートを家に忘れていっちゃう。『忘れてきました』って言い訳すると、先生には、『うそをつけ、往生際が悪いぞ！』って怒られました」

粉すけさんは、一度本気で勉強をやってみようと思い立ったことがあるという。改めて1ページ目から全力で勉強をしてみた。

「それでも何ひとつ理解できなかったんですよ。これはもうダメだな～と思って、一気にやる気がなくなりました」

中学校に行くと、特に何か問題を起こしたわけではないのだが、毎日のように先生に怒られた。

「親がさすがにおかしいと思って、私を病院に連れていきました。そうしたらＡＤＨＤ（注意欠如・多動症）だって判明しました。感情のコントロールができなかったり、落ち着きがなかったりするのは、病気のせいなんだってわかりました。両親からは、『今まで怒りすぎて悪かった』って謝られました」

ただ、粉すけさんはすでに学校に行くのがほとほと嫌になっていた。学校に行かなくなると、似たような境遇の先輩たちに声をかけられた。

「そういう先輩たちとゲームセンターやドン・キホーテに入り浸ってました。当時は福井市にドン・キホーテなかったんで、わざわざ金沢まで行ってました」

両親は、粉すけさんの付き合う先輩や友達のことを悪《あ》しざまに言った。もちろん粉すけさんのことを思って言っているのだが、粉すけさんは、「自分の居場所を作ってくれた大切な人を、けなさないで！」と憤った。

「それで先輩の家に居《い》候《そうろう》して1週間に1回くらいしか実家に帰らなくなりました。先輩の家には食べ物が全然なかったので、実家に帰ったときはとにかく食いだめしました。駅前でジベタリアン（所構わず座り込む若者たち）をして、友達とどうでもいい話をして、プリクラを撮ったりしてました」

もちろん高校入試もせず、中学校の卒業証書は母親が学校からもらってきた。高校生の年齢になってからは、ほとんど毎日ゲームセンターに入り浸っていた。

「ずっとゲームセンターにいたのでいつの間にか従業員とコネクションができて、そのまま店員になりました。それまでは

粉すけさんはモデルとして活躍することも（写真：ガルフィー提供）

汚いスウェットにキティちゃんの健康サンダルをつっかけた、ザ・ヤンキーという格好でしたが、路線変更してツインテールに猫耳をつけて出勤してました。アニメを見たり、カードゲームをしたり、オタクになっていたんですね」

## ランエボⅦを操る

ゲームセンターでバイトをしているうちに運転免許証が取得できる年齢になった。福井県では運転免許がないとかなり生活に支障があり、就職にも「免許が必須」である会社が多かった。

「当時付き合っていた彼氏が、ランエボⅦ（三菱自動車『ランサーエボリューションⅦ』）っていう車に乗ってたんです。最初は『うるせえし、乗り心地悪い車』って思ってたんですけど、だんだんと愛着が湧いてきて、自分でも乗りたくなりました。そこでマニュアル免許を取ることにしました」

当時はすでにオートマチック限定免許が定着しており、女性でマニュアル免許を取る人は少なかった。

「両親には、『マニュアル免許取るなんて、どうかしてるんじゃないの？　軽トラでも運転する気？』って言われるし、教習所では、『本当にいいんですか？　途中で変更できませんよ』って脅かされました」

ただ、粉すけさんは運転はうまく、実技試験ではまったく問題がなかった。問題は学科試験だった。

「めちゃくちゃ勉強したので、理解はしてるんですよ。でも効果測定の問題って国語力が重要じゃないですか。最後まで問題を読まずに答えを書いちゃうんですよね。どうしても2〜3点足りなくて落ちていました」

粉すけさんは免許を取得する前にすでにランエボⅦを購入していた。自動車販売会社からは、「すでにローンで買っちゃったんだから、絶対に免許落ちちゃダメだよ！」とプレッシャーをかけられていた。

粉すけさんは本当のギリギリのギリギリで、なんとか免許を取得することができた。

「人生でいちばんうれしかった瞬間でした。免許取るのは苦労しましたけど、取ってからは一度も事故していないし、ゴールド免許なんですよ」

粉すけさんはゲームセンターのバイトをしながら、ランエボⅦを乗り回すようになったのだが、すぐに不満に思うようになった。

「ランエボⅦって燃費が悪いし、保険代も高くて、維持するのが大変なんですよ。ゲーセンのアルバイトだけではすぐにお金が回らなくなりました。転職しようと思いましたけど、学歴ないですからなかなか難しくて。ここは一発、資格を取りに行こうと思いました」

粉すけさんが選んだ国家資格は「ガス溶接」だった。選んだ理由は、スケジュール的にたまたまいちばん早く試験を受けられる国家資格がガス溶接だったからだ。19歳の女性はあまりガス溶接の資格を取らない。会場に行くと、受付担当者が戸惑った表情で、「こんな資格取っても、役に立たないべ」と言った。

講習を受けた後に、実習で実際に溶接を体験した。アセチレンガスと酸素が燃焼する際に発生する熱で、鉄板を切ったり、溶接したりした。粉すけさんは無事、国家資格を取得した。

「資格を取っていきなりとび職になりました。金を稼ぐには肉体労働しかない！　と思っていました」

とび職と言えば、ビルの足場を組んだりする高所での作業が一般的だが、粉すけさんが入った会社は一風変わった現場が多かった。

「石油の備蓄基地ってあるじゃないですか。円筒形の石油タンクですね。あの中に入ってひび割れの点検をする仕事をしました」

円筒形の石油タンクは、石油が入っているときは天井が浮き、入っていないときは天井が下がるシステムだ。検査をするときは当然石油が入っていないので、ギリギリまで天井が下がっている。最も下がっている場所では、匍匐《ほふく》前進で進むしかなかった。

「タンク内は真っ暗で、ブラックライトで床を見てヒビが入ってないかチェックしながら匍匐前進で進んでいくんです。真っ暗な中、腹ばいになってるわけだから、みんな寝ちゃうんです。グーグーイビキが聞こえてました」

山奥のダムでの現場では、水をせき止めている制水ゲートのチェーンを全員で引っ張りあげた。チェーンは錆びないようにグリースを塗って元に戻した。ソーラーパネルの現場では、ソーラーパネルの基礎になる４メートルほどの角材をひたすら運んだ。

「私は背が低いから、少し傾くと角パイプが下についちゃうんですよ。親方からは、『２本かついでるヤツもいるんだぞ！』とどやされました。ソーラーパネルを設置する場所だから、当然日陰のない更地です。直射日光を浴びながらの作業になります。終わった頃には、肩は脱臼寸前。内出血で真っ青になってました」

ガス溶接の資格があるため、鉄工所に派遣されたこともあった。親方が溶接した場所を、グラインダーで削ってなめらかにする作業だった。

「体育会系の親方で、すぐに角材で頭を殴るんですよ。ヘルメットの上からでも頭が割れるかと思いました。親方からのパワハラに耐えられなくなってやめました」

## とび職を辞め、自動車整備の道へ

半年でとび職を辞めた。次は自動車関係の仕事がしたいと思った。

「自動車の整備士ならずっと、車をいじってられるんでしょ？　って安直に思いました」

ただなかなか自動車関係の仕事は見つからず、やっと決まった会社に行くとトラックが並んでいた。「ええ……トラックか……」と粉すけさんは戸惑った。迎えてくれた会社の人たちは、「ガス溶接の資格持ってるんだ！　いいね！」と喜んでいた。

粉すけさんとしては整備士として働くつもりだったが、職業欄を見たら『職種　溶接工』と書かれていた。「今、整備部門には人がいるから、とりあえず溶接の仕事をしてて」と言われた。角パイプを青い炎で溶断し、トラックに穴を開けて溶接する。そんな仕事を毎日、朝8時半から夕方6時まで繰り返した。1年働いた頃、

「『トラックから離れたい！　溶接から離れたい！　自動車の整備がしたい！』という気持ちが強くなって会社を辞めました。なんとか自動車の整備会社に入りました」

入社した整備会社は、自動車の整備とロードサービスも実施していた。高速道路で止まってしまったトラックのもとへ行き、牽引車で工場まで運んでいった。

「整備会社って本当に給料が安いんですよ。よく介護系の仕事の割の合わなさが取り沙汰されますけど、整備士も負けず劣らず割に合いません。整備士は自動車好きの若者が職に就くことが多いですけど、給料が安いせいで自動車を維持するのがつらくなる。結果的に、自動車が嫌いになることが多いんです。業界では『車が好きなら、整備士になっちゃダメ』って言われてました」

粉すけさんは、ある日給料明細を写真に撮ってツイッターにアップした。「整備士ってこんなに給料安いんですよ？　知ってます？」と軽い気持ちでつぶやくと、大いにバズり、まとめサイトにも転載された。粉すけさんは、うかつにも会社名を隠さずに載せてしまっていた。会社に行くと、上司に呼び出された。「これ、どうしてくれんの？」と詰められた。

「上司には『辞めなくていい』と言われたんですが、怖かったので『辞めます』って言って辞めました」

## 結局、溶接の仕事に戻る

知人の小さい整備会社に就職させてもらった。溶接の経験があることを見込まれ、大きな自動車会社の整備工場へ出向して働くことになった。

「会社でタイムカードを押して、整備工場に行ってひたすら溶接してました。私って、結局トラックを溶接するんだな……って思いました。でもその頃からだんだんと、溶接が楽しくなってきました。最初はイヤイヤやっていたんですが、みんなに、『才能あるね』『上手だね』ってほめられるうちに楽しくなってきました。むしろ、『溶接なら任せてくれ！』って気分になりました。逆に、整備はあまり才能がないことに気が付きました。バラした後に、組み直すと部品が余ったりしてるんですよね」

　大きな会社での作業は楽しかったし、技術の腕も上がった。ただ人間関係で揉めて、辞めることになった。その後、引き抜かれて新しい会社に入ったが、そこは歩合制の会社なのにあまり仕事を回してもらえず、思ったように稼げないので退社した。

「その頃、ツイッターで今の旦那さんと出会いました。旦那さんの友達が社長をしている運送業の会社で『修理の仕事をしないか？』って頼まれました。その会社は新潟にありました。今まで一度も福井県外に住んだことがないので怖かったですね」

　新潟県に引っ越して、会社に出向くと4～5台のコンクリートミキサー車が並んでいた。コンクリートを運送する会社だったのだ。

「タンクの中で生コンが固まってしまったのをはつって（削って）取ったり、鉄板にあいた穴を溶接で補修したりしました」

　ただ、4～5台の自動車はすぐに修理できてしまった。社長からは、「大型免許を取得して、運転もしてほしい」と指示された。

「話が変わってきたな、と思いました。断りきれず、当時、夫が住んでいた秋田県で行われている合宿免許のプログラムに参加して、大型免許を取得しました」

結局、修理は最初だけで、ほぼ運転だけの業務になった。

「私、道を覚えるのが苦手なんですよ。普段はナビを使っているからいいんですけど、コンクリートミキサー車が行く現場って、開拓中だったりしてナビの地図に載ってない場所が多いんです。迷子になったらダメだっていうプレッシャーがすごいんですよ」

そしてなんとか現場に到着しても、仕事は終わらない。

「現場に到着したら、ミキサー車をコンクリートポンプ車の横に駐車して、レバー操作で生コンを注入していかなければならないんです。タイミングがズレるとコンクリートがあふれ出したり、『コンクリートが届かないぞ！』って怒られます。そして生コンを入れ終わったら、毎回すぐに洗車しなければならないんです」

洗車をしないとコンクリートが固まり、故障の原因になるからだ。雨が降っていても、雪が降っていても、備え付けの水と道具でコンクリートを洗い流さなければならなかった。それもゆっくりと作業してはいられない。ぐずぐずしていると会社から無線が入り、「次がつかえてるから早く戻ってきて！」と、どやされた。毎日何往復も作業を繰り返した。

「先輩が付き添ってくれたのは最初の2週間で、それからは全部自分でやらなければなりませんでした。とにかくストレスがすごくて、いつしか血尿が出るようになりました」

病院に行きたかったが、唯一の休みの日曜日は病院が休みで行けなかった。

「病院に行きたいので休ませてください」と上司に願い出ると「スケジュール組んであるから無理だ！」と断られた。

「1週間以上前に言ったのに『ダメ』って断られたんです。もうボロボロで『このまま行くと、起き上がれなくなるな』と思って辞めました」

辞めた後、粉すけさんは福井市に戻ってきた。そして、現在の夫と結婚した。

「精神的にも肉体的にもボロボロになってたので、しばらく実家でダラダラしていました。父の友人が、自動車関係の仕事をしていたので『そこで勤めてみないか？』と誘われました」

粉すけさんは、パッカー車（ゴミを圧縮して運ぶ収集車）やバキュームカー（汲み取りを行う自動車）の故障箇所を溶接する仕事を積極的にした。

「『溶接なら臭くても平気！　整備よりずっといいよ！』って生き生きと仕事をしてたら、周りからは『どうかしてるよアノ女』って言われてました（笑）。毎日、泥水まみれになりながら仕事してました」

## 働きが評価され全国溶接技術競技会へ出場

粉すけさんの働きは評価された。「全国溶接技術競技会」に出場しないか？　と誘われ、２年連続出場した。

「ただ問題だったのは、１人だけすごいイジメてくる上司がいたことです。『現場に女がいるのが許せない』っていう古いタイプの人でした」

２０１７年、福井県は記録的な豪雪になった。約１５００台の車が立ち往生し、雪山に乗り上げた自動車に乗っていた男性が一酸化炭素中毒で亡くなるといういたましい事故も起きた。その経験を踏まえて、除雪車を購入したり、社員に除雪車の資格を取らせたりする会社が増えたという。

「みんなは整備以外の仕事はしたくないって言ってやりたがりませんでした。ただ私は会社にいて上司にいびられるくらいなら除雪車に乗ってるほうがいいと思って立候補しました。大型特殊免許と除雪作業の資格（除雪機械運転員資格基準）を取りました。ただそうやって大雪にそなえたけど、翌年はまったく降りませんでした。世の中そういうもんですよね

（笑）」

上司のイジメはその後もさらに続いた。粉すけさんが特に問題を起こしていなくても、とにかく怒鳴られた。さすがに上層部でも問題になり、その上司は社長に呼び出されて、「これ以上、イジメをするなら減給します」と伝えられた。

「その上司は減給されても、さらに私をイジメ続けたんです。なんの意地なんだかわからないけど、すごいですよね？」

ある日、我慢の限界を超えてしまい、「もう無理です！　辞めます！」と会社を飛び出そうとした。

「最後にタイムカードを入れようとしたら、怒りで手が震えて差し込めませんでした。もうどうでもいいわっ！　って放り投げて、そのままとっとと車で帰りました」

粉すけさんが上司から理不尽にイジメを受けていることは、周知されていた。会社のおカネで免許を取得していた場合には取得にかかった金銭を返納しなければならないことが多いが、イジメの件があったため返納しなくていいことになった。さまざまな仕事を転々とするうちに、アーク溶接、フォークリフト免許など多様な資格を取ることができたし、さまざまな技術を身につけることができた。

「いい加減、職場の人間関係に疲れました。私は人に好かれることも多いのですが、極端に嫌われることもあります。どちらにも理由があるんだと思います。私は意識しないまま、人の地雷を踏んでいるのかもしれません。このまま違う会社に転職しても、また同じことの繰り返しになるかもしれないと思いました。ふと『独立か……』と思い立ちました。それまでは自分で会社を経営したいと思ったことはなかったし、人の上に立ちたいという気持ちもなかったんですよね」

## 観光バスの全塗装仕事で得た教訓

まだ社長になるかどうか迷っているときに、観光バスの全塗装の仕事をまかされた。知人男性の下請け的なポジションで仕事を受けた。

「これがめちゃくちゃ大変な仕事でした。塗り直せと言われたバスはボロボロに朽ち果ててました。そもそも塗装は趣味でしかやったことがなかったのですが、それでも私が全部やらなければなりませんでした」

バスのボディーの鉄板には、パテが塗り込まれたうえに、錆止めが塗られ、その上に油性

塗料とクリア塗料が吹き付けられていた。さらにその上に大きなステッカーが貼られており、最後にその上から缶スプレーで一面に色が吹き付けられていた。

「何層にもなっている塗装を全部剥離して、鉄板の損傷場所を溶接して、パテを塗ってツルツルに磨いて、色を塗る……という作業を１人でしました。１台を塗り直すのに、１カ月くらいかかりました」

　１台終わると、さらに次の１台、さらに次の１台と修理を頼まれなかなか仕事は終わらなかった。どう考えても１００万円以上もらわなければ、割に合わない仕事量だった。

「そのときは、口約束で作業していたんですね。結局、80万円って話になってたんですが、

『勝倉ボデー』のガレージ内部

渡されたのは30万円でした。その後雇い主は逃げてしまって、連絡もつかなくなりました。まったく割に合わない仕事でした。知り合いからは『勉強料だと思ってあきらめなよ』と慰められました。つくづく契約書、請求書って大事なんだな、と学びました」

　そうして粉すけさんは、24歳のときに独立し、「勝倉ボデー」の社長になった。自動車板金業の場合、車検に向けた整備もする会社が多いが、粉すけさんは整備には手を出さず、あくまで「外装の修理」「カスタム・デコレーション」のみに特化した会社にした。その代わり、車種は選ばず、バイク、乗用車、重機、トラックと、エンジンがついているものならなんでもござれ、で受け入れた。

「最初は社屋もなかったんです。会社を始めたとき、知り合いの土木業者からユンボ（パワーショベル）のドアの修理を頼まれました」

粉すけさんは、ユンボのドアだけを外して、それを軽トラに積み込み、粉すけさんのお婆さんの家に持っていった。

「当時、おばあちゃんの家がでっかい空き地だったんですね。敷地にユンボのドアをおろしてトンチンカンチン直しました」

結局、社屋はあったほうがいいということになり、現在は事務所とガレージのある物件を借りて作業をしている。ただ、1人でできる仕事量には限界があるので、まだ「勝倉ボデー」の看板は出していない。粉すけさんは人を雇うのには慎重だ。

「人を雇う余裕はないし、人の人生を請け負う自信はないですね。一度雇ってしまったら、『仕事がないから出てこなくていい』とは言えないじゃないですか。よっぽど仕事が増えない限り、人は雇えないと思っています」

ただ1人でやるのには難しい仕事もあった。トラックのフェンダー（泥除け）を、巨大なバスフェンダーに交換する仕事があった。最近ではあまり見なくなった、デコトラ改装の仕事だ。

「そもそも1人じゃバスフェンダーを持ち上げられませんでした。ハンドリフトはあるんですけど、微調整が難しいんですよね。結局手が空いていた旦那に手伝ってもらって難を逃れました」

粉すけさんは「勝倉ボデー」をこれからどのような会社にしていきたいと思っているのだろうか？

## 〝逃げ〟で始めた仕事だったが

「私はこの仕事を〝逃げ〟で始めたんです。だからどこに行き着こうみたいな目的はなかったんですね。今は、お客さんにはとにかく安くできる方法を提案しています。ディーラーに頼むと新品を取り付けられちゃうけど、うちだったら中古品をつけますよ、とか。割れたガラスの代わりにアクリル板をはめ込みますよ、とかですね」

最近では「溶接ギャル」としてみんなにもてはやされるようになってきた。女性が板金塗装業をしていることを評価する人、ギャルが好きな人、そして溶接の技術や値段の安さを評価する人から、それぞれ仕事が舞い込んできている。「安全靴の商品開発」「大手量販店とのコラボ商品開発」「アパレルブランドのモデル」など、板金業とは関係のない仕事も増えてきている。

「『いったい自分は何屋なんだろう？』って思うことはあります（笑）。溶接は好きなので、いずれ溶接に特化していきたいですね。いつか溶接工場が建てられたらいいなと思います。あと車より好きなものがあって、それは動物なんですよ。今も犬2匹、猫1匹飼ってます。動物がいるなら、貧乏やイジメにも耐えられるなって思います。溶接屋をやりながら、いつか動物園開きたいですね。動物園のおりは、自分で作ることができますしね（笑）」

将来の夢を語る粉すけさんの目は生き生きと輝いていて、とても楽しそうだった。

# あとがき

東洋経済オンライン編集部長　武政秀明

誰1人としてまったく同じ人間はいない。

人には「向き／不向き」「得意／不得意」「好き／嫌い」があり、それぞれに「趣味嗜好・興味関心」「思想・信条」がある。

だから社会通念に外れないうえでの趣味嗜好や興味関心、思想・信条に沿って自分の「向いていること」「得意なこと」「好きなこと」を人生の中でどうにかして見つけて、それを活かし、究めていくことで人生が開けていく。もちろん苦労、苦難、失敗、挫折、裏切りなどのネガティブなことは、どんな成功者にも必ずある。すべてが順風満帆な人生を送る人なんていない。そして何事も誠実にやっていれば賛同したり、助けてくれたり、力を貸してくれたりする人が現れる。

これが、本書に登場する12人に限らず、村田らむさんが東洋経済オンラインの連載『「非会社員」の知られざる稼ぎ方』で取り上げてきた「非会社員」の皆さんの人生ストーリーに共通する本質だ。

本連載が東洋経済オンラインでスタートしてから４年半。２０２１年11月末で通算98回となり、まもなく１００回に到達する名物企画となった。

２０１７年４月、知り合いのライター、漆原《うるしばら》直行《なおゆき》さんから紹介を受け、村田らむさんが途中まで本連載の共同執筆者だった古田雄介さんと2人で、東京・日本橋にある東洋経済へ私を尋ねてきた。

当時、私は東洋経済オンライン副編集長という立場で、50〜60人程度の著者・筆者と付き合い、彼ら・彼女らから定期・不定期に寄稿いただく記事の編集業務にかかわっていた。ちなみに編集長を経て編集部長となった今も、マネジメント業務のかたわら本連載の担当編集者を続けている。

事前に漆原さんから預かった2人の企画書を一読して、私は「面白いかもしれない」と思った。「さまざまなフリーランスの生き方に迫る」。そのコンセプトは、ちょうど東洋経済オンラインで今も人気のある、読者が疑似体験できるようなリアルを描いたルポが好まれる傾向と合致していた。

ただ、企画書だけで「連載を持たせてほしい」という2人の提案を受けるかどうかの即決はできなかった。まずは会って話を聞いてみなければわからない。ぶっちゃけて言うと、話を聞くだけ聞いて断る可能性もあった。筆者・著者候補の人間性を会って見極めたいという、そんな気持ちで2人と面談したのだった。

杞憂《きゆう》だった。会って30分もたたないうちに「この方々ならば安心して任せられそうだ」と確信した。中でも村田らむさんはちょっとこわもてな風貌だが、話すととても優しく、気配りもできて「つっけんどん」「ぶっきらぼう」なところもまったくなかった。連載スタートはその場で決まった。

本連載をどんな構成にするかを相談する中で2人にお伝えしたことはいくつかあるが、シンプルには次の3つだ。

① 取材対象者が持っているノウハウや御託、心構えではなくリアルな人生を描いてほしい

② 読者を同じフリーランスに限定せず会社員が読んでも興味を引くようにしてほしい
③ 字数制限は基本的になく、余すところなく書ききってほしい

教えを乞うためにコンテンツに触れる人もいるが、ネットの読者には共感・共体験を求める人のほうが多い。そして約６７００万人に及ぶ日本の就業者のうち、企業に属さない自営業者（フリーランス）１割程度に読者対象を絞っていたら、どこにでも広がっていくネットメディアの良さが活かせない。新聞や雑誌と違って文字数、段落などの制約を気にする必要もない。これが理由だ。

「字数制限、ないんですか？」
村田らむさんが少し驚きつつも、笑顔の混じる表情を浮かべたのを今でも覚えている。
そして、当初イメージしていた以上に濃密で痛快な記事が次々と届いた。

本連載は大きな反響を得た。ネットメディアが重視する指標の１つであるページビュー（ＰＶ）で１００万を超えるメガヒットを連発。記事掲載をきっかけにテレビをはじめとす

る他メディアの取材・出演につながるスターを何人も輩出した。「自分が東洋経済に取り上げられるなんて」という感想をツイートしてくれた取材対象者も多い。

悪い意味ではなく「自営業者／フリーランス」の中には、どこか謎めいた、陰《かげ》のような要素を感じる人も少なからずいる。だからこそ、そうした人たちへ光を当てたときには、思いのほか強い輝きを放ったのだろうと、担当編集者として感じている。

ただ、「非会社員」の皆さんの人生ストーリーに共通する本質は「非会社員」だけの特権だろうか。まるでそんなことはない。どこかの会社や組織・団体に雇われている人であっても、根っこの部分は同じだと私は思う。

会社員が向いていない人、あるいは会社・組織・団体の外に飛び出したほうが稼げたり、社会に貢献できたり、自己実現できたりする人は間違いなくいる。今いる会社・組織・団体、就いている職種、やっている仕事が向いてない、合っていない人もいる。

「飛び出せ」と言っているのではない。「起業万歳」とも思わない。もっとも大事にしてほしいのは自分だ。「自分はどんな人間か」「何をやって生きていきたいか」。その結果、選ぶ場所は会社でも組織・団体でも、フリーランス／自営でも構わない。結局のところ、就職活動や転職活動において、もっとも大事な「自己ＰＲ」と「志望動機」を突き詰める。それこそが生き方を決める。

人間の特性や能力などをレーダーチャートで描いてみたときに、きれいな形になることが決して望ましいわけではない。どこかに秀でていたらアンバランスでも伸ばしていく。それは、いびつな形になるかもしれない。

しかし、鉄でできた小さな球と同じ質量でつくられた針があったとしたらどうだろう？形のよい球よりも針のように尖ったほうが、チクッとでも「刺さる」のだ。それが個人を活かす本質である。「非会社員の知られざる稼ぎ方」という連載を通じて、編集担当者が伝えたい裏テーマでもある。

https://toyokeizai.net/articles/-/396034

File.11：豪州出身34歳の彼が京都でビール造りに励む訳（2021年5月18日）
https://toyokeizai.net/articles/-/427627

File.12：26歳「溶接ギャル」逃げた先に見つけた最高の天職（2021年8月24日）
https://toyokeizai.net/articles/-/447978

すべての記事で書籍化にあたり加筆・修正をしています。登場人物の年齢は取材時のものです。

【初出一覧】

File. 1：ゴミ屋敷に商機を見出した男の波乱万丈人生（2017年6月1日）
https://toyokeizai.net/articles/-/174183

File. 2：38歳、大阪で「魔女を名乗る男」の非凡な人生（2017年10月19日）
https://toyokeizai.net/articles/-/192672

File. 3：46歳「コスチューム作り」で生きる女の稼ぎ方（2017年11月16日）
https://toyokeizai.net/articles/-/197044

File. 4：スーパーで働きつつ寿司屋を開いた男の達観（2019年1月24日）
https://toyokeizai.net/articles/-/261724

File. 5：不登校からトップブロガーになった30歳の稼業（2019年7月7日）
https://toyokeizai.net/articles/-/290372

File. 6：「麺屋 丈六」を作った元原発作業員の快活人生（2020年3月17日）
https://toyokeizai.net/articles/-/336136

File. 7：ヘルパーが描く「介護漫画」が共感されまくる訳（2020年7月11日）https://toyokeizai.net/articles/-/360545

File. 8：37歳「麻雀プロ」最強に上り詰めた男の快活人生（2020年9月23日）
https://toyokeizai.net/articles/-/375456

File. 9：樹海の民宿若旦那がYouTuberになった切実な訳（2020年11月15日）
https://toyokeizai.net/articles/-/389529

File.10：56歳・元日本人傭兵の何とも壮絶で快活な半生（2020年12月24日）

村田らむ（むらたらむ）
1972年生まれ。愛知県名古屋市出身。ライター、漫画家、イラストレーター、カメラマン。ホームレスやゴミ屋敷、新興宗教などをテーマにした体験＆潜入取材を得意とし、中でも青木ヶ原樹海への取材は100回ほどにのぼり、著作には『樹海考』（晶文社）、『ホームレス消滅』（幻冬舎新書）、『人怖　人の狂気に潜む本当の恐怖』（竹書房）などがある。

「非会社員《ひかいしゃいん》」の知《し》られざる稼《かせ》ぎ方《かた》

2022年1月30日初版1刷発行

著　者 ── 村田らむ
発行者 ── 田邉浩司
装　幀 ── アラン・チャン
印刷所 ── 堀内印刷
製本所 ── ナショナル製本
発行所 ── 株式会社光文社
東京都文京区音羽1-16-6（〒112-8011）
https://www.kobunsha.com/
電　話 ── 編集部03(5395)8289　書籍販売部03(5395)8116
業務部03(5395)8125
メール ── sinsyo@kobunsha.com

 ISBN 978-4-334-04587-6